學佛入門 3

學佛群疑

COMMON QUESTIONS IN THE PRACTICE OF BUDDHISM

聖嚴法師——著

自序

從體裁、目的與對象而言，這本《學佛群疑》是我在一九六三、四年間所寫《正信的佛教》的第二冊。因為自從一九七六年之後，該書即受到海內外的普遍歡迎。許多讀過該書的人，不斷地向我建議，盼我繼續再寫一本類似而探討層面更廣的書，我也覺得有此必要，經常希望靜下心來，擬出一百個題目，寫上十萬個字，疏解、說明類似《正信的佛教》所解答而未曾解決的問題。由於事情太多，時間太少，加上多年來身體多病，所以未能如願。

到了一九八七年春，有一位張鳴居士，每幾個月都要附印《正信的佛教》一千及至五千冊，分送結緣，同時也一再地敦請，要我趕快再寫另一本《正信的佛教》。我卻對他說：「我的體力不濟，頭腦遲鈍，想不出問題，最好你能想出一百個題目讓我解答。」我的本意，以為就此可以不了了之，想不到十天之後，他送來了幾百個問題，寫成厚厚的一疊。據說是向他信佛學佛的親戚朋友們採訪蒐集而來的。如果照他所提出的問題作答，每題大概只要用三、五句話或十來句話就可答完，那樣的問答，可讀性不會太高，所以我還是不想提筆。

過了一個多月，張居士又來問我：「怎麼還沒看到問題的解答在《人生》刊出？」我說：「我正在考慮採取怎樣的方式解答。」因此，我把那一大堆的問題交給當時《人生》的主編，要他把問題分類集合成一個個的主題，一共理出了三十多條，同時他幫忙想出了十多條，而我自己也逐漸地發現了二十多條，這就是本書的內容。

本書多半是由我利用若干時日的晨課之餘，一邊口述，一邊由弟子筆錄。其中有一部分是在紐約，由一位正在電台服務的葉澐小姐筆錄，僅有少數幾篇由我親自執筆，故也斷斷續續地經過了一年半的時間。在用字遣詞方面，可能不甚統一，現在藉此彙輯成書的機會，仔細地重讀了兩遍，適度地予以潤飾、補充、修正。

本書的內容，既是知識學問的，更是生活和實用的。依據基本經論的觀點，運用淺易通俗的文字，解答人人都想知道的實際問題。

一九八八年十月六日序於臺北北投農禪寺

目錄

信仰佛教一定要皈依三寶嗎？

是的，信仰佛教和鬼神崇拜的民間信仰很不相同，信仰佛教必須三寶具足。所謂三寶指的是佛、法、僧；所以稱為寶，是取之不盡，用之不竭，一旦接受，永遠常隨，水火不能毀，盜賊不能奪，受用無盡，非世間諸寶所能比。

佛寶是指已修行而至福德、智慧圓滿究竟的人。任何眾生都有成佛的可能，所以，過去、未來、現在的三世十方諸佛，都是我們皈敬的對象。但在我們這個世界的歷史人物之中，成佛的尚只有釋迦牟尼一人。

所謂法寶是指修行成佛的方法和道理，而我們所知的法寶是釋迦牟尼所說的，因此稱他為「本師釋迦牟尼佛」。現在所見的法寶是指經、律、論的三藏教典以及祖師們的註解、語錄，是指導我們如何修行而且必須修行的依準。

所謂僧寶是指正在修學佛法，並且協助他人修學佛法，護持眾生修學佛法的人，是包括菩薩、羅漢以及凡夫僧尼。可是聖僧的菩薩與羅漢，凡夫見到也不認識；凡夫所接觸的，多半是凡夫僧，因此，以人間的比丘、比丘尼為僧寶的中心。

僧寶是老師，法寶是教材，佛寶是發明及發現教材的過來人。唯有三寶齊備，才是完整的佛教；否則僅信三寶之中的佛寶，那和盲目地迷信神鬼無異；僅信三寶中的法寶，則和一般的學者研究學問無異；僅信僧寶，則和普通人認乾爹、拜乾娘相似，那就不是佛教。

所以皈依三寶，相當於學生到學校註冊，是信佛學佛的開始。唯有註冊之後，有了學籍，自己才承認是學校的學生，學校也接受你的上課；學生上課是義務，學校授課是責任。所以，皈依的儀式非常重要；又像夫婦結婚，官員就職，黨員入黨，都要經過宣誓和監誓等的行為，這表示慎重和肯定。

如果不經過皈依三寶的儀式，當然也可以學佛，佛教不會把未皈依三寶的人指為魔鬼；但是未經皈依三寶儀式的人，在心理上，必定有所推託、躊躇、遲疑，遇到緊要關頭，他們會說：「我還不是佛教徒，我還不需要遵照佛教的戒律來做。」比如：懈怠、放逸、邪淫、妄語、順手牽羊等的惡業和惡習，他們會原諒自己，更不會防範於未然。如果皈依三寶後，自己會作自我的約束、警惕和警策，也會受到同修及師僧等善知識的鼓勵、督促、規勸，所以，在人格的昇華，道心的增長，修持的努力等各方面都會進入正軌和常軌。

請讀者不要以為皈依不重要，或者誤會尚未懂得佛法和修持，就不夠資格皈依三寶。其實正因為你尚未修行，不會修行，不懂佛法，而已經知道佛法可信、可學，那就應該趕快先來皈依三寶。認為自己尚不足以做一個佛教徒的人，更需要現在皈依；皈依之後，不論在心態、生活、習慣等方面，都有善友、諸佛菩薩、護法龍天來協助你、加持你，所以意志力薄弱，信心不足的人皈依三寶，就會增強你的意志，增加你的信心。

一定要看破紅塵之後才能學佛嗎？

這是一個似是而非的問題。「紅塵」二字並不是佛學的名詞，實出於中國文學的辭彙。它的意思是形容飛揚的塵埃，或是繁華的生活景象。

東漢班固的〈西都賦〉，有「闐城溢郭，旁流百廛，紅塵四合，煙雲相連」。這是形容西都長安，人多、事多、錢多，豪華熱鬧。在盧照鄰的詩〈長安古意〉中，有「弱柳青槐拂地垂，佳氣紅塵暗天起」。宋朝程顥的〈秋月〉詩中有「隔斷紅塵三十里，白雲紅葉兩悠悠」。在曹雪芹的《紅樓夢》第一回中也說「有城曰閶門者，最是紅塵中，一二等富貴風流之地」。可見紅塵二字都是指世俗的、官場的、富貴人間的繁華景象。

「看破紅塵」這句話亦非佛家所用，而是中國古來的文學家，受到道家自然無為的影響，以及後來隱遁之士厭倦官場虛幻的富貴生涯，嚮往山林的田園生活，而經常使用的辭彙。所以，看破紅塵就是從煙雲似的繁華生活隱退到自由、簡樸、自然的林野或山野生活環境中。

佛教在中國常常受到誤會，一般人常把逃避現實，隱遁於山林的風氣和現象，歸之於佛教的信仰以及學佛的結果。其實佛法中，不講紅塵，也沒有講看破紅塵，只有講到與眼、耳、鼻、舌、身、意六根相對的色、聲、香、味、觸、法等六塵。六塵是外境，六根是內境，必須加上眼、耳、鼻、舌、身、意的六識，才能產生身心現象。心為外境所轉，也就是被六塵所動，就會以六根造作善惡、好壞等的行為，佛法稱此為造業。其可以造惡業，也可以造善業。造惡業下墮地獄、餓鬼、畜生的三惡道；造善業則還生為人，或生天界，享受人天的福報。但是不論下墮或上升，都是在世間的輪迴生死苦海之中。欲解脫，則必須認識六塵是虛幻的、不實的、多變的。《金剛經》把它形容為如夢、如幻、如泡、如影。能夠徹悟六塵世界的虛幻不實，當下就是解脫自在。若身心處於六塵世間，而不為六塵世間所困擾、誘惑，就不會起煩惱，稱為解脫之人。

可見，佛法所謂的六塵，是指身心所處的環境。繁華的富貴生涯，固然是屬於六塵，隱退的自然生涯，也沒有離開六塵，因此，禪宗有言「大隱隱於市廛，小隱隱於山林」。這也就是說，心有所執，身有所繫，不管生活在什麼環境，都不自在。山野的狂風、暴雨、惡獸、猛禽、毒蟲，或所謂窮山、惡水、潑婦、刁民，都會引起你的煩惱；如果心無罣礙，處於皇宮、華廈和居於洞窟、茅舍是一樣的，何必要去分別。

通常都說看破紅塵就是落髮為僧，那可能是指仕途失意、事業失敗、婚姻離散、家庭破碎，已經沒有東山再起的信心和勇氣，在窮途末路，心灰意冷之餘，就到佛門中找一條苟安偷生之路，所謂：伴著青磬紅魚，了此殘生。這景象是非常消極、悲觀，甚至悲慘的！佛門中的確有這種人，但這絕對不是進入佛門學佛者的通途和正途。

進入佛門，成為佛教徒，也並不等於出家。佛教徒分為在家與出家兩大類，出家只是少數，在家才是佛教徒的多數。出家是全部生命的投入，所謂將此身心施予三寶和施予眾生：施予三寶是為求法；施予眾生是為度眾。施予三寶乃為弘揚佛法、續佛慧命；施予眾生則可攝化、救濟苦海的眾生。能夠難捨能捨，難忍能忍，才是出家的正確目的。從難捨能捨而言，是放下名利、物欲；就難忍能忍而言，是承擔如來的家業和眾生的苦難，故所謂看破紅塵實與出家的宗旨無關。

至於出家學佛，可以包括社會的一切階層，且絕不為逃避現實，乃在和睦人間、淨化人間，也就是佛化人間。如果學佛之後要離開人間，離群索居，那就違背了佛化人間的旨趣。在家學佛，在五戒、十善的生活原則下，對於家庭、社會、國家都應盡責盡分。所以學佛之後的在家人，他會更積極於人間的生活以及分內的責任。這也就是大乘佛教將菩薩的形相分為出家、在家兩類的原因；出家菩薩是無牽無掛的比丘相，在家菩薩是福德莊嚴的天人相。

如果以看破紅塵的本意而言，是屬於消極的，而學佛卻是積極的。我們可以把人間的生活型態和心態，分為三類：第一，絕對的多數是屬於戀世型的，對於任何事物都放不下，爭名奪利、飲食男女、醉生夢死，苦惱終生而不知生為何來，死向何去？活著的時候放不下，要死的時候捨不得，所以佛稱他們為可憐憫者。第二類人是厭世者，他們或是憤世嫉俗，或懷才不遇；或是消極、悲觀，對於生命抱著無可奈何的態度。因此，前者會變成玩世不恭，或退出人間社會的大舞台，而過隱遁的生活；後者若不自殺而死，也會逃避現實，抑鬱以終。第三類，是屬於放得下、提得起的人。他們見到人間的疾苦，世事的危脆，以悲天憫人的懷抱，拯救世間眾生於水深火熱之中，即使跋山涉水，乃至於赴湯蹈火，亦在所不辭。這就是被後世稱為賢者和聖人的型範。

以佛教的觀點看，第一類人是凡夫根性；第二類人，類似小乘根性；第三類人，類似大乘根性。不過，若以佛法化導，第一類人雖是凡夫，也能夠漸漸獲得智慧，洞察世間現象，為人們減少煩惱，為社會減少災難。第二類的小乘根性，則至少不會憤世嫉俗，或者尋短自殺，而會積極修行，早求出離生死苦海。進而也能為人間留下自我奮發、自我救濟的模範和典型。第三類大乘根性者，則能由於佛法的化導，而賦予無限的生命、無窮的悲願，生生世世發菩提心，行菩薩道，佛化人間，成就佛國淨土；不僅度人，也要度盡一切眾生。他們不會因阻撓而失望，也不會因便利而狂熱；時時努力於因緣的促成，默默地耕耘，成功不必在我，卻永遠精進不懈，像這樣的學佛態度，當然與看破紅塵的觀念了不相關。

學佛也需要知識和學問嗎？

這問題相當含糊，易於混淆。

首先，我們肯定孔子所說的：「民可使由之，不可使知之。」意思是一般大眾，懂得愈少，就愈能專心一意地照著老師所教的簡單方法，一門深入，專精修行，並獲得益處。所以，知識程度低的人，甚至沒有讀過書的文盲，並非就不能得到佛法的大受用，例如：六祖惠能，傳說中他是沒有讀過書的砍柴人，最後卻成了中國禪宗史上的第六代祖師。

不過據《六祖壇經》的內容和學者們的考察看來，惠能大師雖不是一位學者，若說他目不識丁，則不可能；因此，在中國佛教史上，傳說中的文盲而能成為佛教祖師，並對佛教有廣大而深遠影響的人，尚無第二者。從印度佛教的釋迦世尊開始，傳承以至中國的歷代祖師，都是博通五明、內外學問的知識分子和大學問家。

上上等人，不需教育，不需文化，而是自然天成，一通百通；他們能夠掌握根本的理，以貫通全體的事，不是從瑣碎的萬事萬物各別認知中見其統一的理，正如〈永嘉大師證道歌〉所說「摘葉尋枝我不能」及「入海算沙徒自困」，那是一了百了，不需瑣碎的意思。學法是明理而窮本，學佛是見性而成佛，當然不需知識和學問；可是見性和悟後，為了利益眾生的方便，必須通達經教，充實知識，作為利生的工具。

中上等人及中下等人，必須依據經教，參訪明師，才有修行的依準和學習的方向，否則，便會成為盲修瞎練。在未見明師之前，或者見到了明師之後，都需要經教的根據，才能夠抉擇明師之真假。如果順乎經教，深入法理，洞明法義，那是真的明師。如僅以自我的臆測和修持中的感應、經驗來自由地解釋經教而毀謗正統歷代諸大祖師及三寶的人，即為邪師而非明師。

所以，若有人還不知如何選擇明師的話，應先深入經教，確認佛法，再去訪求明師，做畫龍點睛式的幫助，假使千萬疑問能在一語之下徹底點破，那就是你的明師。如果一無所知，而去參訪明師，就你而言，他還是一位普通的凡人；若是已深通經教，縱然踏破鐵鞋，訪遍天下，未見明師，也不會誤入歧途；並且既已掌握方向，便只是需要層層剝落心中的塊壘，雖無法一時將無明的黑漆桶頓時兜底打通，比較起來，還是安全的。

修念佛法門的人，如果沒有時間或環境不許可，當然，只要抱定一句「南無阿彌陀佛」的六字洪名就夠了。但是歷代弘揚淨土的祖師，像廬山的慧遠，以及北魏的曇鸞、唐代的道綽、善導、迦才，到明末的蓮池、蕅益，以及民初的印光等諸大師，都是通達儒、釋、道三教的飽學之士，也都是佛教史上的大思想家，怎麼能說念佛不需要經教呢？不通法義而僅念佛，怎麼知道念佛可以往生淨土？所謂淨土又有幾種呢？雖然下下等人，不知發問，只知照著去做；但是能夠發問，而且經常需要幫助人家學佛、信佛、念佛的人，如果也是對於經教法義一無所知，怎麼能夠產生勸化的力量？否則，就是以盲引盲，盲修瞎練，邪正不分，心態不明，目的不純，怎麼能夠自利利他，達到往生淨土的目的呢？

不錯，人在正當用功之時，不論參禪、念佛、修顯、修密，都要求心無二用，不得一邊修行，一邊思考經教，或以經教的內容、法義來時時對照自己修行的情況，那是種擾亂，是修行的大障。但在修行之前的認清指標及修行以後的印證情況和指導後學，經教的研讀卻是不可或缺的。

在家信佛有禁忌嗎？

民間通俗的信仰，有很多的禁忌，但那並不是正信的佛教，卻被誤認為是佛教的禁忌。如香爐裡面殘餘的香棒，不可以每天清理，結果弄成髒亂和容易引起燃燒的危險。其實，我們寺院每一尊佛前的每一個香爐，在每天的清晨都必須清理收拾，經常保持像第一次燒過香的香爐一樣清潔。

在家的女信徒，在生理期間，不敢進入寺院禮拜，甚至不敢到佛前上香、誦經、打坐、念佛，其實這是低級鬼神的禁忌。因為鬼神怕見血汙，所以容易見血發瞋。鬼神嗜血食，見血起貪，可是生理的經血，不是鮮血，因此而有被侮辱和作弄的反應；所以，生理期的女性，進入神鬼的宗祠、廟宇、殿堂，可能引起不良的後果。至於佛教的沙彌尼、比丘尼，以及近住優婆夷，都是生活於寺院，每天與經像、法物為伴的女性修行人，從未由於生理期間，發生所謂沖剋的問題而帶來災難的。

在家供佛，設立佛壇，通常都先請人為佛菩薩聖像開光，同時要選擇日期，勘定方位，這也是屬於民間信仰或民間風俗的一種。以入鄉隨俗的觀點而言，這無可厚非；開光表示慎重，擇定日期和方位，表示祈求吉祥。但是從佛教的觀點而言，諸佛菩薩無處不在，無處不應，一切方位有十方諸佛、十方三寶、護法龍天，當然沒有民間信仰中所想像的那些問題，只要自己認為是最尊貴的位子，以最虔敬的心情和最適當的時間來為佛像安位就好。

有人認為某些經咒，在家人不可念，或者某一時辰不可以念某些經咒。其實，凡是經咒都要以恭敬心，於清淨處來持誦，最好先洗手、漱口，並在佛前焚香、禮拜；但沒有一定說在家人不可以念什麼經或持什麼咒，除了密宗的特定法門之外。

家裡有人信佛，但也有人信神，是否可將不同的神佛在同案供奉？這應該沒有問題，佛在中間，菩薩供在兩邊，諸神供於菩薩的外側，作為三寶的外護，也讓諸神親近三寶，修學佛法，種成佛因。如果取得家人的同意，在改信佛教之後，可對原有的神像焚香、供養、禱告，然後收藏起來，以免供的偶像太多，形成雜亂。

香灰及損壞的經像、法物，有許多人不知道如何處理，甚至於送到寺院。其實，只要選擇清淨的空地和焚化的容器，用火焚化之後，埋入地下即可。若是金屬製品，則收藏起來，過了若干時日，就可作為骨董或破舊物處理。

佛前鮮花、水果、食物、茶水等供品，屬於消耗品，必須每日更換；如果尚是可用可食，應該移作他用，或是家人食用，不得拋棄；如果腐爛、敗壞，則做垃圾處理。至於供品的單數或雙數，沒有限制，以對稱的美觀而言是雙數，如限於物力、財力、位置及場地的關係，單數也沒什麼不可。至於品類、質料是以個人的財力可能負擔的範圍為原則，不敷衍也不鋪張。

在家修行的時間，以早上、晚上為宜，身心清淨輕鬆，才能專注、虔誠；如果由於工作性質的原因，當然也可以選定不同的時間。最好臥室不設佛像，床上不要打坐、拜佛、誦經；如果只有一個房間，最好平常將佛像用布遮蓋，禮拜之時，要把床鋪整理整齊、清潔，再揭開佛像；如果除了床鋪沒有任何位置，坐在床上，也可以作為修行場所。總之，是以恭敬、清淨心來做到肅穆、莊嚴的程度為原則。

皈依三寶之後，對於其他宗教，以及民間信仰的寺廟、道場，不得再受皈依，但仍予以尊敬；若進入教堂、寺廟、神壇，當以鞠躬合掌問訊為禮。不得作為信仰的對象，但還是可以作為友誼的聯繫；在對於佛法未有確實的認識之前，不可以閱讀外道的書刊，否則會造成方向的誤導。

學佛是否必須放棄現有生活的享受？

不一定，要看情形。無目的的享受，應該放棄；有理由的享受，必須維持。

佛要金裝，是裝給眾生看的；人要衣裝，是裝給一定的社會層次的人看的。享受的本身是代表人的身分、地位和立場。在需要威儀、禮節的場合和環境，如物質條件許可的情況下，享受是一種禮貌、隆重的表示。可是在物質條件貧乏、自己經濟能力薄弱、社會環境惡劣的情況下，縱然自己有此能力和物力，也當捨去所有的享受和大眾共度難關，例如近代的印度甘地就是如此。

今日的社會，為了禮貌或安全的理由，在某些場合、某些環境或者會見某一些人，必須衣冠整齊，必須乘用私家汽車；日間有日間的禮服，晚間有晚間的禮服，在日本及歐美地區，參加喪禮有一定形式和顏色的禮服，參加婚禮以及各種正式的集會，也不得穿著工作服、睡服和居家的便服，這些都不該算是享受。

佛法重視因果，今生的福報是由於過去世的布施而來。享受福報，猶如向銀行提用存款，提用愈多，存款愈少，終有提空之時；今生享受愈多，福報所剩愈少，終有用畢之日。應該一方面繼續修福，同時也要惜福，才能達到福德圓滿的程度；否則，縱然有福，也有所不足。

因此，從原始的佛教開始，就主張比丘要身無長物：一則是為戒貪，二則是為惜福，三則是為減少對身體的執著；出家眾固然如此，在家眾亦復如此。

出家沙彌就要遵守不著香花鬘、不香油塗身，不歌舞倡伎、不故往觀聽，不坐臥高廣大床，不戴首飾，不蓄銀錢、寶物等戒律。在家眾如果能夠做得到，除了銀錢必須使用之外，其他也應遵守；如果不能遵守，希望在一個月的六天之中，受持所謂六齋日，來比照出家的生活而行，目的就是在於惜福而放棄享受。此所謂享受的內容，應該包括吃的、用的、住的、坐的、睡的、身上戴的和各種娛樂設施。這便是節流更重於開源，布施是為福報開源，放棄享受是為福報節流。

可是，釋迦世尊的身相，就有三十二種大人相，是一種福德、莊嚴、智慧相。傳說釋迦世尊也接受金縷袈裟的布施供養，也受給孤獨長者以黃金鋪地，買下了祇園精舍而供養佛陀。當時的福德長者們供佛齋僧時，都用上好美味的飲食，並且莊嚴、修飾精舍和供佛齋僧的場所；許多有名的說法之處，後來都成為佛教史上著名的庭園和花園。

從佛經裡面所見到的佛國淨土，例如：西方的彌陀淨土以及《華嚴經》的彌勒樓閣和善財童子五十三參所見的諸大菩薩的宮殿，都是金碧輝煌，極莊嚴之能事，那也就是大福德者，福德與他們的生活同在，而以他們財富表現出來；好像貧賤的人身相醜陋、皮膚粗糙，富貴的人身相莊嚴、皮膚潤滑，這是他們與生俱來的福報，與放棄享受或貪圖享受無關。

我們所說的享受，應該是指貪圖個人的口腹之欲，飲食山珍海味等稀有食品，不為請客，也不為禮節，只為了表現一己的富有；或為使得他人羨慕、注目而蓄意地打扮、化妝、穿著，以滿足自己的虛榮；或者為了官能的享受、刺激，而去歌榭、舞廳、妓院等聲色犬馬的所謂遊藝場所，縱情放逸、揮金如土，這些行為當然是學佛者應該放棄的。

什麼是佛教徒的飲食觀？

佛教出現於印度的時候，佛教徒並沒有特殊的飲食習慣和規定，因為印度是一個宗教信仰普遍的國家，凡是有宗教信仰的人，一定有大同小異的飲食觀念。所以，原始時代的佛教徒乃至出家的比丘、比丘尼，過的是沿門托鉢，所謂「一鉢千家飯」的飲食生活；他們不選擇托鉢的對象，也沒有所謂潔淨或不潔淨，神聖或不神聖的飲食禁忌，為的是一律平等、廣結善緣。相沿迄今，斯里蘭卡、緬甸、泰國等上座部的佛教區域，還保留著當時的古風，也就是供養者供養什麼就接受什麼，沒有選擇、挑剔的餘地，只要不是特為某一些托鉢者而殺，縱然魚肉等食物，也不拒絕，這就是為什麼小乘佛教不規定必須素食的原因。

素食是佛教所強調和鼓勵的，如果能夠辦到的話，這是基於慈悲的立場，不是現代人為了健康和經濟的原因。事實上，肉食既傷慈悲，也的確有損健康，所以，大乘經典如《梵網經》、《楞嚴經》等都強調素食，嚴禁肉食。

至於葷腥，應有分別，所謂「葷菜」，是指具有惡臭味的蔬類，例如：大蒜、蔥、韮菜、小蒜等。《楞嚴經》說：葷菜生食生瞋，熟食助淫。在比丘戒律裡面則規定：吃了葷菜要單獨住，或者距離他人數步以外，並位於他人下風而坐，或者必須漱口至沒有惡臭為止。這主要是為了不擾亂大眾，所以，不得食葷。並且在誦經之前，為了不使聽經的鬼神發瞋和起貪，最好不吃葷菜。所謂「腥」就是指肉食。辣椒、胡椒、五香、八角、香椿、茴香、桂皮等都算是香料，不算葷菜，不在戒律所限。

至於不得飲酒，在印度乃是佛教徒的特色，其他宗教不僅不戒酒，甚至認為酒能通神。本來釀酒不需殺生，並且可以成為藥物之一種，不應列為宗教的禁忌；但因為佛教重視智慧，若多飲酒容易亂性，而飲酒之後還能夠自制而不致昏亂的人不多，所以，為了保持經常清醒，利於精進的修行，特別是為了達成修定的目的，必須戒酒。至於一般大眾，若據孔子所說的「飲不及亂」，無傷大雅。所以若受五戒而不能戒酒，也可以捨掉酒戒或不受此一酒戒，還不失為三寶弟子。

若將酒當作菜的佐料，如已沒有酒味，失去醉人的力量，應該不在酒戒之限。故在中國的新興宗教——所謂理教也戒酒；當在必須用酒的場合，以醋代理，例如以醋代替烹飪的佐料，因為此時的醋已無酒性。

如果進入葷菜館或居家時家人之中有人吃素，也有人吃葷，能夠使用葷素兩種不同炊具和餐具，是最為理想。因為葷素的氣味不同，對於飲食者的感受也不一樣，為了習慣上的理由，保持清淨是必要的。可是禪宗的六祖惠能大師，在開悟傳法之後，隱於獵人隊伍之時，僅吃肉邊菜，而避菜邊肉。不吃肉是為了慈悲眾生，還吃菜是為必須生存，因此在生活條件無法強求的條件下，用肉食的炊具來煮素食，那也不是不能接受的事。

對於菸、麻醉品的觀念，在佛制的戒律，可因病而由醫生處方使用；不僅是菸，乃至於酒，在不得不用的情況下，不算犯戒。當然，不能假藉治病而貪口腹之欲去吸飲菸酒和麻醉品。抽菸是為防止瘴氣，在瘴癘發生和瀰漫的地區，出家人可以適量地吸菸；否則，為了威儀，應該戒除。若是為了刺激、嗜好、無聊等原因而抽菸，那就不為佛戒所許。在南方熱帶地區，嚼檳榔也是為了防止呼吸器官感染疾病；但是在不為治病的情況下，那就成了有失威儀和損傷形象的一種惡習。

菸、檳榔都非飲食中的必需品，對人體少用是為了治病，多用則有害無益。例如：酒精過量者中毒；菸的尼古丁則傷肺損氣並為致癌的原因；檳榔的液汁，有損牙齒的健康，令琺瑯質受到腐蝕，佛教徒能夠不用最好不用。

至於蛋類，應該是屬於腥類，因為它可以孵成為雛，而且它的味道，就是腥味，如果持素清淨的人，最好不吃。雖然現在養雞場所產的雞蛋，是無性的，在消費市場所買到的都是屬於無生命的；但它很顯然地並非植物，若從殺生的立場，吃無性卵，不算犯戒，也無損於慈悲，若以素食的習慣而言，便應當避免了。

關於乳製品，不屬於肉食，也不屬於腥食，因為牛羊吃草及五穀，所產的乳汁也不含腥味。飲乳既未殺生，也不妨礙牛犢、羔羊的飼育，而且是由人來飼養、控制乳量的生產，不會影響雛兒的生長與發育，所以，在佛的時代，普遍飲用牛乳，而且將乳製品分為乳、酪、生酥、熟酥、醍醐等五級類，是日常的食品，也是必需的營養品，不在禁戒之列。而目前由於對乳量需求大，遂產生畜牧業密集式生產採乳，忽略動物本身的生理條件，有不少保護動物的團體抗議飲用乳製品，所以基於佛教護生慈悲立場，在購買乳製品時，應當考量乳品來源及其畜牧方式是否合乎自然方式畜養。

殺生的定義和範圍是什麼？

原則上說，不殺生戒的重心在不殺人，所以，殺人是重罪，殺其他動物是輕罪。眾生固然一律平等，但唯有人類能夠造惡業（或稱為黑業），而墮為鬼道或下地獄；也能修善業（或稱為白業），而生天堂、出三界乃至於成佛；其他眾生，除極少的特殊例子之外，既不知善，也不知惡為何事，只有隨業受報的自然行為，而沒有心意的造作在內。所以，人是道器，只有人能修道，並能弘道，因此，戒殺是以不殺人為根本。

殺人必須具備三個條件：1.知是人，2.預謀而有殺念，3.殺死；否則，叫作傷害或過失，不成殺人罪。至於人，是不論年齡、貴賤，不論成形或未成形，有知或無知，凡被肯定是人者，皆不可殺。所以，不得墮胎，也不得以安樂死的名目來處理自己求死或植物人；否則，就是殺人罪。此點請參考《正信的佛教》和《人生》第三十六期的社論。

迄目前為止，醫療界呼籲人體器官的捐贈和移植，比如眼角膜、腎臟以及其他臟器的捐贈，是將沒有使用能力的人體，局部令其復活，這是值得鼓勵的事。如果在生前捐贈，當然已經獲得捐贈人的同意，縱然在死後移植，也必須預先取得死亡者生前的首肯，否則亡者對於遺體尚有一分貪戀和執著，便會引起他的瞋恨及怨怒，甚至影響他的轉生善道或往生淨土的去向。

自然死亡的人，通常於十二小時之內，神識未離，尚有部分知覺。從醫學上判斷已經死亡的人，從佛學的觀點看，未必就已真正死亡；但如果立下遺言，捐贈器官，為了挽救另一人或數人的生命，這是捨身救人的菩薩行，因此，若生前確立有遺願，移植人體器官當不成問題。

在我們的日常生活中，為了維持環境衛生的原因，必須處理蟑螂、蒼蠅、螞蟻、蚊子，乃至於老鼠等問題，這在佛世已有成例。當比丘們的浴室、浴池由於多日未用，滿生小蟲，負責清理的比丘，不知如何處理，佛說：「除盡汙水，清潔浴室。」比丘說：「會傷蟲！」佛說：「不為傷蟲，是為清理浴室。」於是比丘釋然。這個例子是說為了維護人類生活環境的衛生，予以清理打掃，目的不為殺傷蟲類，因此，不算殺死。當然，不得用藥物噴射殺蟲，只能以打掃、清理、消毒的方式來防治或退治蟲蟻的進入和繁殖。如果環境經常保持整齊、清潔和消毒完善的狀態，縱然有蟲蟻，也不會太多。

如果在耕種時，難免會傷及蟲蟻，但為了我們自身的活命，不用說耕種，就是日常行走及其他勞務，也會無意殺死蟲蟻。所以，只有經常多念阿彌陀佛，願愚癡而無知的眾生，於死亡之後，轉生善道或超生淨土，不算犯殺生戒。當然，能夠小心防止，減少殺傷蟲蟻的機會，是慈悲的表現。如果明知殺生而心無悔意，便是沒有慈悲心。

至於毒蛇、猛獸，以及毒蟲之類，是牠們過去世的業力使然，牠們傷人，不出於預謀，雖有惡行，沒有惡心，所以，並不算造殺業，應受到人類的同情和保護。以今天人類的社會而言，不僅可以防治受其傷害，也可以劃出特定的空間範圍，令其生存，或做到限制牠們的繁殖，不令其成為人類的災害。此所謂宜用防治法，不宜用殲滅法，不僅培養了人類的仁慈心，也對大自然的生態盡了維護的責任。

一般初學佛的人，對眾生的定義不明，而且現在更有人說，植物也有生命，植物也有感情，若說不殺生，應該既不殺動物，也不殺植物。其實生命有它的層次，植物是無情眾生，動物是有情眾生。所謂眾生，可分作三級，高級的為人類，具有三個條件：1.有活的細胞，2.有神經的反應，3.有思想及記憶。低級的為植物，只有活的細胞，沒有神經和記憶，雖有生死的反應，沒有苦樂的感覺，更沒有思想及記憶，所以叫作無情。中級的是動物，只有少數如狗、猴子、馬、象等高等動物有若干的記憶力，但沒有思想力。至於下等動物除了神經的本能反應，沒有記憶和思想，然其既有神經就有痛苦，就會怕死。所以蟲蟻都會自然地知道逃避死亡的危險，植物則不然。因此，殺生的界定，就是能夠知生怕死的動物而不及於植物。

佛戒比丘不可砍伐草木，是因低級的鬼神，依草附木，以草木為庇護，為了慈悲鬼神，不使鬼神生瞋，故不去破壞其居處，並非為了草木不可殺的理由。

微生物如細菌，從生物學上看，它是介於植物與動物之間的生物，既沒有神經更沒有記憶和思想，不屬於有情眾生，可以說是活動的植物，所以，殺菌不是殺生。

關於水中的微生物，除了細菌之外，尚有比較高等的生物，牠們雖也沒有神經，但已可以算在動物之列，因此，佛世的比丘，用水需要通過濾水囊的過濾，把比較大的微小眾生濾出，比較小的就不管了。這是基於慈悲的觀點，不忍目見生物而不救度。如果肉眼不能見，或雖見而不能分辨是有情或無情眾生，那就理會不到了。

佛教主張不殺生，主旨在於眾生平等的慈悲精神，一切眾生都有生存的權利和自由，我們自己怕受傷害、畏懼死亡，眾生無不皆然。眾生的類別雖有高低不同，但眾生的生命絕沒有貴賤、尊卑之分，如果人人發揚這種平等、慈悲的精神，我們的世界一定是和諧、和平、互助、互敬、互愛、融洽無間，將沒有一人會受到故意的傷害。雖然佛經中說，殺生有果報，殺人償命，吃牠半斤，還牠八兩，這是說明了因果不爽的事實。但是我們不必把不殺生的著眼點擺在害怕受報的觀點上，果報是有的，但也並非絕對不可以改變的；養成慈悲心，才是不殺生的重點，也是佛菩薩化世的精神。

為何放生？如何放生？

「放生」典出於大乘佛經，盛行於中國內地，西藏亦然，也流傳於日本和鄰近的韓國與越南等地。放生的活動是基於眾生平等的慈悲精神以及輪迴生死的因果觀念。所謂「吃牠半斤，還牠八兩」；如果能夠既戒殺又放生，當然功德倍增，此等感應靈驗的事例，史不絕書。

如一九七四年越南淪陷於共產政權之後，向外流亡的難民一波接著一波，其遭遇有幸與不幸。有的未及逃出越南境內，又被抓了回去；有的在海上漂流，葬身魚腹；有的雖然逃出越南，但無收容之所，甚至被遣送回去。不過，根據逃亡成功的難民所述的經驗，如果達不成逃出越南的目的，可以請國外親戚或難民自己買鳥或魚類放生，只要一次或兩次就會見效，順利成行。

在《雜寶藏經》卷四記載：有一沙彌的師父見他七日之內壽命將終，要沙彌返回俗家，七天之後再來，但沒有說明原因。他在返家的路上，看到一處池塘缺口，池水灌入池邊的蟻巢，眾蟻慌張奪路逃生。但是螞蟻逃生的速度哪有池塘決堤那麼快速？眼看無數螞蟻即將淹死，沙彌就用自己的袈裟包上土，把池塘缺口堵住，救活了所有的螞蟻。過了七天，沙彌在俗家玩得無聊，又回到他師父跟前。師父一見，覺得驚奇，問他這幾天之中究竟發生了什麼事，沙彌以為師父說他犯了戒做了壞事，非常恐懼，答說什麼也沒做。師父是羅漢，即用天眼觀察，知他是做了一件小小的好事，那就是救起被淹的螞蟻。後來這位沙彌轉夭為壽，得以長命終老。

放生的根據，最為佛教徒所熟悉的，有兩部經。一是《梵網經》，其中提到：「若佛子，以慈心故，行放生業，一切男子是我父，一切女人是我母，我生生無不從之受生。故六道眾生皆是我父母，而殺而食者，即殺我父母，亦殺我故身。一切地水，是我先身，一切火風，是我本體，故常行放生，生生受生，常住之法，教人放生。若見世人殺畜生時，應方便救護，解其苦難，常教化講說菩薩戒，救度眾生。」

另一部《金光明經》卷四〈流水長者子品〉，也提到有關釋迦世尊往昔行菩薩道的一段記載：當時世尊名叫流水長者子，有一天他經過一個很大的池沼，時逢天旱，而且有人為了捕魚，把上游懸崖處的水源堵塞，使得池中水位急速下降。長者子眼見上萬大小魚類瀕臨死亡邊緣，又無法從其上游決堤引水，於是為了救活魚群，不得已向當時國王請求派二十隻大象，用皮囊盛水運到池中，直到池水滿足，並且飼以食料，方才救活這些魚群。

《梵網經》是放生的理論依據，《金光明經》則是開設放生池的依據，其他大乘經如《六度集經》卷三，有贖鱉的放生記載，而另外玄奘三藏《大唐西域記》卷九，也講到雁塔的故事。如傳說在中印度摩揭陀國有一個小乘的寺院，住著若干小乘比丘，他們本來不禁三種淨肉；所謂三種淨肉，是指不見為己殺、不聞為己殺、不疑為己殺的肉類。有一天，一位比丘沒有得到肉，正好有一群雁從天空飛過，他就向雁群禱告說：「今日有僧缺供，大菩薩你應該知道時間了。」雁群應聲自動墜地而死。比丘本來不信大乘，不相信雁是菩薩，所以用戲言來調侃大乘，想不到那一群雁就是菩薩顯現而來感化他們的。小乘比丘慚愧不已，互相傳告：「這是菩薩，何人敢吃？從今以後，應依大乘，不再食三種淨肉。」並且建塔營葬雁體。

可見，放生是從戒殺而衍生的，也可以說，戒殺的進一步必定是放生。戒殺僅是止惡，是消極的善行，放生救生才是積極的善行；如果僅僅止惡而不行善，不是大乘佛法的精神。因此在中國，從南齊蕭梁以來，便提倡斷肉食、不殺生；且放生的風氣也從此漸漸展開，從朝廷以至民間，由僧眾而至俗人，都以素食為尚。而歷代政府為了表示推行仁政，年有數日也定期禁屠；而從中央以至地方，或者為了祈雨禳災，也都有放生禁屠之舉。如梁武帝就曾下詔禁止屠殺生命以祭祀宗廟；梁代慧集比丘，自燃兩臂遊歷諸州，以乞化所得贖生放生；隋天台智顗大師發起開築放生池，為被放的魚類講《金光明經》和《法華經》，又購買各類糧食飼予魚鱉；陳宣帝時，敕國子祭酒徐孝克撰寫〈天台山修禪寺智顗禪師放生碑文〉，這是中國有放生池及放生會記載的開始。此後由唐至宋及明，無不盛行放生。如唐肅宗時，刺史顏真卿撰有〈天下放生池碑銘並序〉。宋朝的遵式及知禮兩位大師，也極力提倡放生。

明末蓮池大師雲棲袾宏是歷代高僧之中提倡放生最積極的一位。他在《竹窗隨筆》中有〈如來不救殺業〉、〈食肉〉、〈齋素〉等文；又在《竹窗二筆》中，寫有〈衣帛食肉〉、〈戒殺延壽〉、〈放生池〉、〈醫戒殺生〉、〈因病食肉〉等篇；在《竹窗三筆》中，也有〈殺生人世大惡〉、〈殺生非人所為〉、〈人不宜食眾生肉〉等文，鼓勵戒殺放生。除了素食的文字之外，他也寫了〈放生儀〉及〈戒殺放生文〉，以備大眾於放生時，對所用儀式有所依準。在現代人中，有弘一大師書、豐子愷畫的《護生畫集》計六冊；另有一位蔡念生運辰居士，一生提倡戒殺放生，他編集了歷代有關動物也有靈性和感應的故事，成為一書，名為《物猶如此》。

不過，現代社會科技進步，人口密度膨脹，生活空間縮小，要想求得一個絕對安全可靠的放生池和放生區域，是相當困難的。其難處除了漁、獵的網捕射殺與打撈之外，也有自然環境的限制。如今日的臺灣與美國，只有野生動物保護區。此外，有人基於愛心或保護自然環境的立場，勸導社會大眾不要亂捕濫殺，以免破壞生物互相生剋的自然協調，也是為了挽救稀珍動物瀕於滅種的危機，這些跟佛教放生的本意雖相應但不相同。如果我們僅把要放生的生物無限制地流放在自然景觀動物保護區，到了飽和程度，也會有人以控制繁殖和適量的捕殺等方式來調節其生活空間的。

因此，我們到哪兒放生？如果是魚，有人用鉤釣、網撈；如果是鳥，有人用槍射、網捕。而且今日的魚市場和鳥店，所售的商品很少是野生的，多半是來自人工繁殖的魚池和鳥園。那些動物，根本沒有適應自然環境而自求生存的能力，放生，也等於殺生。放小的，被大的吃掉；放大的，就進入餐館的廚灶。而且，鳥類，尤其是魚類，都有牠們生存的習性。一定的魚類必須生存於一定的水質、水深和水流的環境中；買淡水魚放於大海，買海魚放於淡水，都是大問題。如果是鳥園繁殖的鳥類，牠們不曾在自然界覓食，便可能甚至不知草叢樹林間的草種樹果等也可以作為食物；如果放之於原野，不是飢餓而死就是被其他動物或鳥類捕食而亡。在這種情況下，我們是否還需要放生？是否還應該放生？

這確實是非常不幸的事實，自然環境的限制使得放生運動愈來愈困難。不過，放生的精義在於當下放生的念頭，如希望被放的生物能夠延長壽命；至於能夠延長多久？我們必須盡到研究、考慮和照顧的責任。比如說，要放鳥類，就先得考慮放什麼鳥、在哪兒放、什麼時候放，才比較安全有效；放生魚鱉水族，也當首先研究考察牠們的生態、習性和來源，然後選擇最適當的時機，放到我們覺得最安全適合的地方。如果不能求得百分之百的可靠，有百分之五十也不錯，即使今天去放生，明天牠們又被抓，也是無可奈何的事。

我們的目的是為啟發增長放生者的慈悲心和對眾生的救濟心，至於被放的眾生，也有牠們自己的禍福因果和因緣。若在放生時，沒有存心讓牠們重遭羅網而受刀俎之苦，且開示被放的眾生，為其說三皈、講佛法、發願迴向，牠們也能從此脫離異類身，轉生為人，上生天界，往生淨土，發菩提心，廣度眾生，早成佛道。我們但求能盡心而為，盡力去做就好。

佛教徒應以怎樣的態度來賺錢？

有人問起，做生意不能說實話，所謂老王賣瓜，自吹自誇，如果賣瓜的不說瓜甜，那就無人問津了。既然如此，佛教徒能不能做生意？做生意是否犯了妄語說謊的戒？

再有人問，學佛的人不應貪心，相反地應該布施。可是做生意賺錢是為了得到更多的利潤，這豈不是跟佛理相違？

又有人問，佛教徒不可害人，如果做生意賺到錢而使他人虧本，又該如何？

也有人問，佛教徒可以從事股票投資、放利息、房地產買賣等活動嗎？因為這些事都有投機性質。

更有人問，佛教徒可以做糧食飼料等的買賣嗎？如果糧食飼料是被買去餵畜牲，是否間接助長了他人的殺業？

是的，以上這些問題都是我們應該面對而加以檢討的。首先必須了解，在釋迦牟尼佛時代的印度，人民分為四大階級，亦即：1.宗教師的婆羅門，2.從事軍政的剎帝利，3.從事工商的吠舍，4.從事殺生等賤業的首陀羅。佛陀釋迦世尊除了不鼓勵從事首陀羅的職業之外，其他都在容許的範圍之內，而且加以讚歎，可見佛教徒從事工商業是正當的。

至於說，做生意是說謊而騙人上當的行為，是有待商榷的，因為這並不是必須的手段，而是一般人的習慣和心理所造成的。貨真價實、信用可靠，是工商界應有的職業道德。也唯有信用可靠，才能夠可大可久，否則為何許多商號都要以幾十年以至上百年的「老店」招牌做號召？我曾經說過：「如果跟一個虔誠的基督徒做生意，不必擔心他欺騙你。」相對地，身為佛教徒如果還會讓人擔心我們用欺騙手段以招徠顧客，這不僅不是佛教徒的正確態度，甚至連一個小商人的基本觀念都尚未建立。

當然，我們知道，有些行業往往漫天要價，目的是等著顧客就地還價；但也有類似的行業卻以老少無欺、不二價為號召的。我們作為佛教徒，應該帶動風氣，誠實無欺。也許剛開始時，生意差一些，利潤少一些，日久之後，你的信譽就能為你賺錢。

一般中國人都有養兒防老、積穀防饑的心態；做生意一本萬利，想當然是為了使個人生活有保障，乃至為子孫萬代留下吃喝不完的餘蔭。但是，時代已經改變，觀念已經不同。現代的大企業家，不應著眼於自利，而是貢獻自己的智慧才能為社會人類謀福利，即所謂取之於社會，用之於社會；以完成事業為目的，造福人群為理想，就沒有貪心的成分在其中。至於普通人的智能體能，雖然不足以為社會大眾提出多少貢獻，但至少也該負擔起個人的生活開銷，進一步維持家庭的成員和公司的員工，這是互助，也是為了各取所需。

因此，人人必須提供自己的所能，不論是資金的、智慧的或勞力的。身為佛教徒，更不應有做生意是只求自利而置他人利益於腦後的想法。因為社會是群體的因緣所成，我們參與社會做任何事，就跟其他人發生關係，產生互動互惠的作用。

我們應該以自利利人的存心來賺取應賺的利潤，並且把賺來的錢做合理的支配，而不僅是為個人的物質享受和滿足虛榮而花錢，若能如此，就不算是因貪心而賺錢了。《善生經》中說，居士的收入最好分作四份來處理：1.家計的生活，2.營業的資本，3.儲存在家以防意外，4.放款生息。在兩千五百年前的印度，這是非常安全而合理的分配，到今天，儲存在家和存入銀行生息應該合而為一。此外，也應在這四份之中，酌量取出一部分作為三種用途：1.供養父母，2.周濟親友和部屬僕從，3.供養三寶，作為宗教的奉獻。前面的四分法，是保障自己的生活安定；後面的三種用途，則是為了孝養父母、社會福利及宗教事業。

佛法說應該從事正當職業，所謂正當職業，就是指於人於己都有利而無害的行業。既然如此，怎會自己賺錢而使他人虧本？當然，當你開的店經營不善或公司虧損累累時，不免會想脫手轉讓。由於各人的經營觀念和方式有別，社會關係也不同，知識能力也相異，因而同樣的行業和生意，在不同的經營者手中就有不同的結果，如某甲會蝕本，某乙可能賺錢。

基本上，不要存著把燙手山芋丟給人的心態去害人，而要希望他人因為承購你的原有產業而大發利市。同時，不要以為自己做不好的，別人也做不好；

或者自己認為不好的，別人也認為不好。只要你對自己賣出的東西不做虛偽宣傳，那麼，一旦有人願意承購，他一定會因此而得到利益。如果對方蝕本，這也不是你的存心，與你無關。總之，佛教徒做任何事業，都須以真心誠心待人，至於結果如何，不是你的責任，不必耿耿於懷。

股票和房地產買賣，是現代世界各國政府所公認的投資生意。前者是股票公司運用民間游資，透過股票市場成為企業投資的資本，是發展工商、促進社會經濟繁榮的金融事業，應屬正當的投資。但問題出在有些人掌握大量股票而製造股票行情，並操縱股票漲跌，這是不道德的。要操縱股票只有大資本家才能辦到，一般投資人只能看行情的起伏買進賣出，故其中不免有些冒險的成分。在金融穩定的社會，操縱股票是犯法的，大企業家雖然擁有大量的股資，也不至於操縱市場製造漲落，否則會自食惡果，得不償失。

至於房地產投資，也是正當正常的商業行為。一般人所詬病的，是指炒地皮，壟斷房地產，不論購進或拋出都操縱於股掌之上，這不是正常的現象，佛教徒應該避免。若以正當的價格做合理的買賣，也是一種商業服務，沒有什麼不可以。

另外，就放利息而言，將錢存入銀行或合作社等金融機構，也是一種投資方法。而以民間的小額存款互相周轉或者集中投資於某些大企業，也是自利利他、繁榮社會經濟的途徑，值得鼓勵。不過，若為貪取高利而放高利貸，等於火中取栗，危險性大，往往連母款也被倒掉。佛教徒不可因貪高利而放款，一則自己沒有保障，二則對人剝削太多，有傷慈悲，最好不做。

至於商業的種類，古時有謂三百六十行，在現代工商業社會，可能超過三千六百行。不過，身為佛教徒有個原則，即凡是殺業、淫業、盜業、賭博和妄語，乃至於酒類等的買賣，都應避免；但是不能斬釘截鐵說某種生意不能做。比如開電影院，專門放映誨淫誨盜的影片，當然不可；若是放映藝術性、教育性和娛樂性的影片，則屬於正業。至於販賣糧食，只要以所賣的終究是供人食用，或是加工後用於工業的動機即可；即使別人買去餵畜牲，也是為了供給眾生吃的，我們本身並未從事殺業。當然，自己如果明知飼料是供養豬場、養雞場之用，可以考慮改行或改變銷售的物品。總之，佛教不鼓勵殺業也不從事殺業，凡與殺業有關的，應該避免。

佛教徒可以有感情生活嗎？

所謂感情，是指男女之間、親子之間和朋友之間的關係，亦即愛情、親情和友情。佛教徒仍是凡夫，不可能沒有父母，也不可能沒有朋友，而除了出家人之外，佛教徒也應有個人的配偶。佛把眾生稱為「有情」，也就是說脫離以上三種情，就不是眾生。而且，學佛是由眾生來學的，是由凡夫開始的，任何人之間的接觸交往，都必須合情合理合法。如果佛教只講離欲，則無法使一般人進入佛門；如果佛的教化沒有感情的成分，也很難教化眾生。

佛法所稱的「慈悲」，似乎跟感情不同，但是慈悲的基礎就是人與人之間的感情，有人稱之為「愛」。愛除了分為有條件和無條件之外，也有「有我」和「無我」之別。佛菩薩的慈悲是無我的，人與人之間的愛是有我的；親子之愛是無條件的，男女之愛和朋友之愛則可能是有條件，也可能是無條件的。佛法是要從基礎的愛來引導至無我的慈悲。

由於佛菩薩可以無我，眾生不可能無我，因此要教導眾生從有我的愛而漸漸進入無我的慈悲；也需要先從有條件的愛，而加以淨化成無條件的愛。因此，佛教不能一開始就叫人離開感情生活。

至於佛教徒應如何處理感情問題呢？家庭是感情關係的基礎。家庭的基礎從倫理上說是親子之情，它的構成始於男女的夫婦關係，繼而從家庭成員擴展到家庭以外的親戚朋友。這都是因家庭的需要和社會的活動而形成友情的必要。中國有句俗諺說：「在家靠父母，出外靠朋友。」又說：「夫唱婦隨，白首偕老。」這些都是以感性的情為基點。如果沒有情，就像機器沒有潤滑的油，隨時都可能發生故障，也很容易因摩擦而受損傷。佛法目的不外為教化世間凡夫，誘導凡夫將矛盾化為和諧。因此，佛法有兩個不變的法門——智慧和慈悲。智慧是理性，慈悲是感性；以智慧來指導慈悲、運用慈悲，就可使凡夫的情感從混亂變為條理，從矛盾成為和諧。情感如果離開理性的智慧，就會氾濫成災，自害害人。

有一部佛經，叫《六方禮經》，其中提到釋迦牟尼佛時代的印度，有一種宗教信仰，教人專門拜方位。如有一次佛看到一位叫尸迦羅越的青年，正非常虔誠地禮拜六個方位，便問他拜的是什麼。那位青年說不出所以然，只回答這是父親的意思，父親在世時拜方位，他去世之後兒子也應照著拜。佛陀告訴他，佛教也拜六方，如其以孝順父母為東方，恭敬師長為南方，夫婦互相體諒為西方，愛護親友為北方，體恤僕從部屬為下方，尊敬出家修行人為上方；同時並說明了父母對兒女、師長對弟子、部屬佣人對主人以及修道的沙門對俗人，個別所應具有的態度和責任。像這些都屬於感情的範圍，是人間的倫理關係。能夠善於處理感情問題而過正當的感情生活，就是修行佛法的開始。

《維摩經》的〈佛道品〉中，記載普現色身菩薩與維摩詰的一段問話。菩薩問維摩詰說：「你有父母妻子，也有親戚等眷屬，還有部屬和朋友，這不是很累贅嗎？」言下之意是你既是一位大菩薩，卻又拖家帶眷，怎會自在呢？維摩詰答道：「我的母親是智慧，父親是度眾生的方法，妻子是從修行得到的法喜，女兒代表慈悲心，兒子代表善心和誠實；我有家，但它代表畢竟空；我的弟子就是一切眾生，我的朋友就是各種不同的修行法門，在我周圍獻藝的美女就是四種攝化眾生的方便。」

這一品涵蓋了在家人生活環境中的種種人、事、物，維摩詰不但不因有這些累贅而不自在，反以大智慧來運用大慈悲。他雖然過著與一般人相同的感情生活，但是自有其解脫自在的內心世界。

可見，佛教徒並不需要排斥感情生活，但看其能不能以理性來指導感性；以感性來融合理性。能夠以理性的智慧來指導感性的情感，生活一定過得非常豐富、順利、左右逢源，而且自利利他。

所謂佛法的指導和智慧的原則，是教我們如何處理感情問題，而不是要我們放棄、排斥或厭惡感情。如果用情不當，會帶來困擾；用情沒有節制，也會造成災難。例如：父母對子女固然要愛護，但是溺愛，反而害了子女；男女之間應該相愛，可是婚外情或婚前複雜的感情生活，不僅會惹來家變的麻煩，也會給社會製造糾紛。另外，對親戚朋友以及師生之間、主僕之間等等關係，也都要基於理性而付出感情，否則徒生困擾。佛法，並非反對感情生活，而是要指導我們如何過合理合法的感情生活。

佛教徒應該如何舉行喪葬儀式？

葬儀的進行，應該有誦經、念佛等佛事。但在中國現行的佛教葬儀中，出家人只管誦經，卻不是葬儀的主體；因為葬儀中的家祭、公祭等儀式，均委由葬儀社派人司禮，佛事反倒成為一種點綴。

正確的佛教葬儀，除了司禮者之外，主體應該是出家的法師為亡者誦經。參與的大眾，均應人手一冊佛經跟著持誦。持誦的內容，最好是簡短的經文及偈頌，例如《心經》、〈往生咒〉、讚佛偈、佛號、〈迴向偈〉等，不用唱，只用誦；否則，大眾無法隨唱而無參與感。然後由法師簡單地介紹亡者的生平及其為善、利人、學佛等的功德，並做簡短的開示——一則度化亡者超生淨土佛國；同時安慰、啟發亡者的家屬、親友。

至於家祭和公祭，最好同日舉行，因為既然已經全體參與葬禮了，就沒有必要另外舉行；否則，除了拉長葬儀的時間外，只是顯示個人和團體的突出感而已。如果要同日舉行家祭或親友、團體的公祭，則應該在正式的葬儀之前舉行。佛化的葬儀應該簡單、隆重，前後的時間不需超過一小時，最多一個半小時。至於用中、西樂隊或儀仗等場面，都是虛榮的鋪張，此舉對於非佛教徒而言，也許有其慰靈的作用；對佛教徒來說，則反而會擾亂亡者一心求生佛國淨土。

自古以來，佛教的喪葬並沒有一定的制度。但在中國，有關死者未亡之前的彌留，及命終後的沐浴、更衣、設靈位、伴靈、納棺、出葬、埋葬、做七，乃至百日等，大致都有它固定的儀式。

依據「淨土法門」，在彌留時宜有善知識——不論是在家或出家的修行者，為亡者說法、誦經、念佛，稱為助念，一直到命終十二小時之後，移動遺體，為之沐浴、更衣，並繼續以助念代替伴靈。而且，每舉行一項儀式，都用佛法開示亡者，令其一心皈命佛國淨土。當然，最好能有出家僧眾說法開示，否則亦應以同道、同修中的長輩乃至資深的平輩為之。

對於佛教徒，遺體的處理，只有坐龕、坐缸和火葬、土葬的不同。如果遺體坐龕，則採坐龕火化，只有封龕及舉火的儀式；如果遺體坐缸，則有封缸土葬的儀式；如果遺體臥棺，則有封棺的儀式，封棺以後，有土葬及火葬兩種，若係火葬，則將骨灰罈置於寺院或墓場的塔中，也有將骨灰罈埋於地下墓中的。

不論是火葬或土葬，凡有儀式，均以念佛、誦經、迴向代替由家屬輪番舉哀及哭泣、音樂等的鋪張。在過去的農村社會，如果家有老人，往往會預備棺木，稱為壽材；預備葬服，稱為壽衣，以求福壽綿長，大吉大利。在今天工商業的社會以及都市的環境，已經不許可有這樣的風俗，而事實上也沒有這樣做的必要。

上面已經說過，佛教的葬儀宜力求簡單、隆重。且特別不允許在喪葬期間，以殺生的葷腥招待親友，更不可以酒肉葷腥來祭祀亡者。故在吾鄉江蘇參加喪禮的用餐稱為吃豆腐，那是由於純以素食招待前來弔祭的親友，以豆腐類的食物為主之故。靈前則以香花、蔬果、素食供養。花籃、花圈、輓幛，亦當適可而止；最好除了喪家和代表性的親友致送數對花籃以及數幅輓聯、輓額以表示悼念之外，不需要大事鋪張。如果親友致送奠儀，除了由於家屬貧苦而留著喪葬費用及生活所需外，最好悉數移作供奉三寶、弘法利生及公益慈善等的用途，將此功德迴向亡者，超生離苦，蓮品高升。

至於父母親過世，飲泣哀傷乃人之常情。世尊涅槃之時，除了已得解脫的大阿羅漢，弟子們無不涕泣。唯世習以哭泣表示亡者的哀榮，則屬虛偽。佛教徒當以佛事代替哭泣。

那麼什麼時候為亡者做佛事？如何做佛事？請看下一節。

如何做佛事？

所謂佛事是學佛之事，弘揚佛法之事，主要對象是人。課誦、聞法、講經、布施、持戒、修定、八正道和六波羅蜜，都是佛事。

但是在中國一般的民間生活中，並沒有做佛事的觀念。通常只是在親友或眷屬亡故之後，才想要為他們做一點補償、救濟性的佛事，稱為超度、薦亡，而且是邀請專業的僧侶、尼師來為亡者誦經、禮懺。

做佛事的時候，亡者的家屬大都是站在僱主的立場，並不直接參與，共同禮誦；甚至誦經禮懺的壇場在做佛事，他們通常也只在一旁交際應酬、談話，乃至打麻將，而把佛事當成表示哀榮的點綴。這種情況，既對佛法不敬，也對亡者無禮，只可說是一種習俗的活動，不能稱為佛事。

做佛事必須具備虔誠、恭敬、肅穆、莊嚴的條件，最好是亡者的家屬、親友親自持誦、禮拜佛經、懺儀、聖號。必要時，禮請僧眾作為導師，指導、帶領佛事；壇場則不可吵雜、凌亂、喧嘩。

佛事不是儀式，不可把佛事作為葬儀的一個節目來看。家屬親友必須盡可能地全體參加，能夠跟隨持誦最好，否則亦當陪伴、聆聽、禮拜。依亡者親友的虔誠、恭敬，感應諸佛菩薩，以佛法的神力及佛法的道理，給予亡者救濟及開導。因為做佛事就是召請亡者臨壇聽法，化解煩惱的業力，而得超生離苦。如果親友、眷屬對於佛事漠不關心，既不參與，也不禮敬，對亡者的功用，縱然是有，也極其輕微。

為亡者做佛事，最好是在過世之後，七七四十九天之內。通常，人在死後，若有重大的惡業，直接下墮三塗；若有眾多的善業，便可立即生天；若修淨業，即可往生淨土。否則的話，就在四十九天之內，等待因緣成熟，隨緣、隨業轉生。

在未轉生之前，為他超度，便能轉惡業的力量為善業的基礎，心開意解、積習漸消，便可超生天界，乃至往生淨土。如果已墮三塗，依親友眷屬做佛事的功德力量，也能減少亡者的痛苦，改善三塗的環境。如果已生天界，也能增進亡者在天上所享的福樂。如果已生淨土，也能使他蓮品高升。即使是在四十九天之後，當然還是可以做佛事，同樣可使亡者得到超度與救濟的力量。所不同的是，如果死者已經轉生或下墮，就沒有辦法挽回他投生的類別。

根據《地藏經》的記載，若要超度先亡眷屬，應該恭敬、供養諸佛菩薩，讀誦、受持諸種佛經。如果依照《盂蘭盆經》的記載，應該布施、供養出家僧眾。綜合而言，以亡者親屬的立場，用亡者遺留的財物，盡力布施，供養三寶，救濟貧窮，利益社會，乃至等施一切眾生，使之離苦得樂，都是促成亡者超生離苦，往生佛國的助緣。

在七七之內，最好從過世的那一刻起，佛號不斷，是為助念。如果他在世時專修西方淨土的彌陀法門，當然為他專念阿彌陀佛，由數人或者一人一人地輪流助念。如果沒有任何法門是亡者的專修，當然也以阿彌陀佛聖號為其助念。假如生前已有專修的法門，例如常誦某一部經或常持某一尊佛菩薩的聖號，最好是以他所修的法門為其持誦迴向。

以我們中國的習慣，能夠在四十九天每天做佛事，當然最好；否則死後的頭七天或三天，乃至僅僅一天，或者每逢七期的那一天做佛事，都是好的。這要看亡者家屬的人力和物力的條件，可有伸縮增減。萬一人力、物力均不許可禮請僧尼做佛事，就算只有家屬一人，也應該為其誦經；若不會誦經，至少也會為亡者念佛才對。至於焚燒竹紮紙糊的房屋、家具、交通工具等冥器，以及經咒、紙錢、銀箔，乃至生前的衣物，都是民間信仰的習俗，與佛法的佛事無關。唯其有慰靈、祭典的作用，也不能一概否定。

以佛法的觀點，厚葬是沒有必要的，鋪張的葬儀也是多餘。與其以亡者的財物及親人的力量，做虛有其表的所謂哀榮的排場，不如拿錢去供養三寶、弘揚佛法、布施貧窮、利益眾生、功德迴向，更合乎佛法。喪葬宜力求莊嚴、肅穆、簡單、隆重；否則不是佛事，而是藉亡者的喪葬儀式來顯示喪家的虛榮而已。當然也不宜用貴重的衣物及珍寶陪葬，此對亡者沒有實際的利益，同時也浪費了有用的物資。

居士可接受寺院的餽贈嗎？

依比丘戒及比丘尼戒而言，若以十方信施所供的常住物品，私自餽贈、取用，不論對象是誰、理由如何，均犯偷盜戒，而且是偷了十方僧物，至少也是現前僧物。所謂十方僧物，是屬於十方所有、一切僧眾所有的。所謂現前僧物，是屬於現在共住一寺的僧眾共同所有，比偷盜個人物品的罪過要大得多。所以出家人，不得私取公物自用，當然也不得私取公物施予居士。

出家人如果為了取得居士的歡心，希望得到居士更多的供養與護持，而以任何物品餽贈，不論是私有或常住公有，凡是餽贈予居士，都犯了「汙他家」罪。所謂汙他家，是以染汙心，餽贈物品給在家人。

至於居士在兩種情形下，可接受寺院的餽贈。第一，在貧病急難時，接受寺院的布施、救濟。救濟可以分為兩類，一是物質和金錢的，一是精神和佛法的。既然可接受佛法的救濟，當然也可接受物質的救濟，在接受救濟而度過難關之後，再來供養三寶、救濟他人。此在中國佛教史上，也曾經盛行過這樣的慈濟組織。

第二，在為寺院工作並且又必須維持家庭的生活者，當以工計酬；若發心義務為寺院工作，又不便自帶食物或到寺院自炊，當然可由寺院供給膳宿。中國古大德還特別叮嚀：對於在寺院工作的人，要給予較好的飲食，甚至支付較多的工資。通常寺院的生活清苦，恐怕工人由於飲食不慣，而起瞋嫌。至於寺院有多餘的物品，既無特定的對象布施，也無法去換取金錢之時，在家居士也當以歡喜心來接受布施，以免造成物品的浪費和拋棄。

因為中國寺院和印度寺院的生活方式迴異：印度寺院沒有廚房，不得自炊；中國寺院自古以來，都是儲糧自炊，特別是遇到法會時，信眾也在寺院中用餐。這種風俗固然與印度的佛教不合，但在大乘佛教的化區，不僅中國，韓國、日本也是如此。參與法會的在家信眾，於寺院中飲食，乃是普遍的現象。此乃有其實際上的必要，最初可能是由居士們自己在寺院中合辦飲食，後來就由寺院主辦，而其經費，依舊是來自在家的信眾。為了便利信眾起見，這也是佛教大眾化、普及化的形式之一；不過倘若寺院是僅僅供人吃飯，而無佛法可聞，也無佛事可做，變相成了大眾化的素食餐廳，那就本末倒置了。

在家居士如何設佛壇？

這是常常被人問起的問題。也就是說在家學佛需要設置佛堂嗎？如果需要，又應如何設置？

這要看個人的情況而定。如果住處很小，或者住於公家宿舍，與同事、同學等共住一室以及同住一棟房子，當然有所不便，那只有在定時課誦之際，暫以佛經代表佛像，置於相當的位置，不必設置香爐、燭台，也不必供水、供花、燒香，僅於課誦前後，問訊、禮拜，以表示虔誠、恭敬即可。倘若同住的室友和舍友，大家都信佛，當然可以設置共同的佛壇或佛堂；如果僅是自己一人虔誠學佛，則不可由於表現特殊，強設佛壇，而招惹大眾的怨憤。

如果全家之中，僅自己一人學佛，也當比照住於公家宿舍的辦法，否則會引起家庭的口角。不要由於學佛，而使家人對佛教產生惡感、瞋嫌。如果全家信佛、學佛，或者你是家長，或夫婦共同學佛，而家中尚有裕餘的空間或裕餘的房間，最好能夠設置佛壇或佛堂。

如果設置佛壇，應該選擇客廳的正位，也就是主人所坐位置的方向，佛像背後不可臨窗，應當面對門窗，陽光充足，使人進門便可一目瞭然。佛壇是家庭的中心，要能產生安定力和安全感的作用。至於地理師所定的方位可以作為參考，但也不必拘泥、迷信。只要不把佛像面對廁所、爐灶或直接面對自己的臥床就好。在設立佛堂時，應選擇一間靜室，不是小孩、貓狗嬉戲出入之處；也不是會客、談笑、宴飲之處，而只是用於禮誦、禪修，不作其他用途。

如果家中原供有關公、媽祖、土地公、祖先等神像、神主牌時，不可由於信佛、學佛而把他們立即廢除，應該逐步進行。先將佛菩薩聖像安於正位，其他神像祖牌置於兩旁，不必另設香案、燭台。因為一切善神、祖先都會護持三寶且親近三寶，供設佛菩薩聖像之後，他們也能成為三寶弟子，得到佛法的利益。等到下次遷移佛壇和佛堂之時，便可把原先的神像視為古物而予以保藏。

至於祖牌可以移置於寺院的往生堂，家中並不需供奉。如果仍要供奉，則可置於佛像之下首或另移他處，改以較佛壇為小的祖壇，單獨供奉。例如寺院規模較大者，都會另設有往生堂，專供往生牌；寺院規模較小者，即以大殿佛壇的兩側供置長生牌和往生牌。如此，既能對祖先表示慎終追遠的孝思，也能顯出對佛菩薩的崇高信仰，而此崇高信仰有別於慎終追遠的孝思。

家庭供奉佛菩薩聖像，不需太多、太雜、太亂。可以一佛代表萬佛，以一菩薩代表一切佛菩薩。一般的家庭多半是供奉觀音菩薩、釋迦牟尼佛、阿彌陀佛、藥師佛，任擇其一即可。如果已經有了佛與菩薩的聖像，則置佛像在正中或後上方，菩薩像在兩側或在前下方，務必要使佛突出，以顯其尊貴。聖像的大小尺寸，應該和佛壇、佛堂的空間位置比例相稱，不可太大或太小。如果聖像很小，且是以七寶所成，則可以雕刻多重的佛龕來襯托出佛像的偉大。

請購了佛菩薩的聖像之後，一般人大多崇尚舉行開光儀式。以佛教的觀點而言，開光儀式並不一定是必須之舉。因為佛菩薩像只是用來當作修行的工具，佛菩薩的感應遍在，而以聖像作為致敬的對象，若無聖像，便無可作為禮拜、供養和恭敬的對象。通過類此的修行後，便能得到修行的利益和佛菩薩的感應；但最重要的是在於信心、虔敬心、恭敬心的感發，不在於聖像本身。所以，聖像是否開光並不重要。

在釋迦世尊住世的時候，因為佛去忉利天為母說法三個月，人間的弟子們思念佛陀，所以，為其塑了像來供養，其中也沒有見到有關開光的記載。至後世，乃以經、像、法物、塔、寺等，代表著佛的住世、化世。不過隆重的儀式能使更多人起敬生信，所以後來漸漸地有了各種各樣的供養儀式，而開光就是其中的儀式之一。因此，迄今，各寺院若新塑佛像，也都集合信眾舉行開光儀式。這猶如學校開學、公司行號開幕、建築物落成時所舉行的開幕剪綵等儀式一般，是為了慎重地向大眾宣告，所以舉行儀式。

至於個人在家庭供養佛菩薩的聖像時，並不需要昭告社會大眾，所以也不一定需要舉行開光儀式，只要以虔誠心、恭敬心將聖像安置供奉，然後以香、花、水果等供品供養，日日不輟，使其保持新鮮、整齊、清潔，就能顯出聖像所在的神聖氣氛，藉此以引發修行者的道心。

為了保持室內空氣新鮮，所燃的香，以精細、清香為原則，家庭佛堂一次以一炷香為宜，不要大把地燃燒香燭，以免造成室內空氣的混濁。香類以自然的檀香、沉香為佳品，不宜用化學香料或動物香料調製的線香、棒香。現代家庭的佛堂，可以電燈代替蠟燭，且應常常清理供桌、香爐、燭台，換新供品，至少該保持沒有灰塵或枯萎腐爛的花果食物。每天最好應該有定時的早晚課誦，至少早晚也須燒香、供水。外出之前，到家之時，也當先在佛前禮拜，以表示感謝、恭敬、繫念之心。

在家學佛如何課誦？

課誦的原則，以定時做定課為主。內容應該包括供養、禮拜、禪坐、持名、讀誦、發願、迴向等。

所謂供養，是在佛前擺設香、花、燈、果、淨水和食物。如果條件許可，應當每日換新，保持鮮度；否則亦不當有腐爛、汙染、凋謝等的現象發生，以維持佛前的整齊、清潔和莊嚴為原則。

所謂定時做定課，是指在每天的同樣時段，做同樣的功課。最好是選擇頭腦清楚、身心舒暢的時段做課誦。通常是以清晨起床，盥洗之後，早餐之前；或晚餐之後，休息一段時間，就寢之前，為最好的兩個時段。兩個時段加起來，每天至少需要一至兩小時；但也不需要超過四小時，否則課誦時間太多，會影響平常的家庭生活及工作。如果情況特殊，也可以選定上午或下午的任何一個時段，來做定時的課誦。

課誦叫作恆課，又叫日課，就是每天必須有的修持活動，不能間斷。它的作用相同於每晨起床後要漱口、洗臉、飲食、灑掃庭院、大小便利一樣，是保持身心平衡，也是修身養性、警策精進的生活方式。修行的目的不在於形式，形式卻能夠幫助我們達到身心安定、健康、幸福的目的。除了自我的修練和反省，也有諸佛菩薩和護法龍天的加被與護持。

課誦的項目可多可少，只要每天相同即可。內容可依時間的長短及個人的喜好而有所選擇；但是供水、獻香、禮拜則不能缺少。個人課誦，不一定要用魚磬等法器，亦不一定要會梵唄。若不致打擾他人，可用小魚。在獻供及頂禮三拜之後，早上誦〈大悲咒〉三遍至七遍，《心經》一遍，三稱「摩訶般若波羅蜜」，然後念阿彌陀佛或觀世音菩薩四十八或一百零八遍，再念「普賢菩薩十大願」或〈四弘誓願〉，最後是三皈依，唱〈迴向偈〉：「願消三障諸煩惱，願得智慧真明了，普願罪障悉消除，世世常行菩薩道。」然後頂禮三拜，課誦完畢。

晚課應該是在下午或是晚餐之後，同樣供養、禮拜，然後誦《阿彌陀經》或〈懺悔文〉一遍，也可以只誦〈大悲咒〉七遍，念《心經》一遍、〈往生咒〉三遍，念阿彌陀佛或觀世音菩薩聖號四十八或一百零八遍，接著〈四弘誓願〉，〈普賢警眾偈〉，三皈依，〈迴向偈〉：「願以此功德，迴向諸眾生，解脫三界苦，皆發菩提心。」頂禮三拜，晚課即結束。

因為課誦的人，進度有快有慢，有的會唱，有的不會唱，除非環境許可使用法器唱誦，否則不用法器，念誦即可。經咒的遍數也以快慢不等而酌量增減，以配合時間為宜。

如果時間允許，可酌量延長至四十五分鐘或一小時。在早課之前，晚課之後，亦可增加靜坐時間二十五到三十分鐘。最好能夠向正統的佛教靜坐老師學習安全的靜坐方法；否則也得把姿勢坐正，身心放鬆，默念佛菩薩聖號，一心專注，不急不緩。如果不習慣靜坐，也可採用禮拜的方式，以定時或定數禮拜佛菩薩。以無所求之心禮誦和靜坐，是最正確和安全的；否則容易引起幻相、幻景、幻覺，而引發身心的障礙。真正的修行是沒有條件的，當然，它是有目的的；而修行的本身就是目的。

如果僅願把課誦時間加長，而無意靜坐或增加禮拜的次數，則可以在早課的供養、禮拜之後，加誦〈楞嚴咒〉及十小咒；晚課的供養、禮拜之後，加誦〈普門品〉或者增加〈大悲咒〉的持誦遍數至二十一或四十八都可以。

如果居家無事，也可以在白天任何一個固定的時間，禮拜經典。拜經的方法，也是先做供養，然後一字一拜，每拜一字應念兩句拜經詞，例如：拜《法華經》時，每拜一拜，當念「南無妙法蓮華經，南無法華會上佛菩薩」。如拜《華嚴經》，則念「南無大方廣佛華嚴經，南無華嚴海會佛菩薩」。如拜《金剛經》，則念「南無般若波羅蜜多金剛經，南無般若波羅蜜多會上佛菩薩」。如拜《阿彌陀經》，則念「南無佛說阿彌陀經，南無蓮池海會佛菩薩」。如拜〈普門品〉，可有兩種念法：第一因為它是《法華經》的一品，因此比照拜《法華經》的念法；第二則念「南無觀世音菩薩普門品，南無大慈大悲救苦救難觀世音菩薩」。如拜《地藏經》及《藥師經》，即可以此類推。

拜的時候，通常是用黃紙條或檀香，用大字的經本，逐字逐字地移動，拜到一定的經文與段落，或者是用筆記下所拜完的經文，或者用紙條夾在那一段、那一個字之處，預備下一次繼續禮拜。但是每次拜完之後，經本必須蓋上，不得散置或敞開。拜完一部經，還可繼續拜同一部經，乃至發願拜上幾十部、幾百部、幾千部，或是終身禮拜同一部經，拜得愈多愈好。

課誦之前，或者是發願課誦、拜經之前，可以有目的而為，或是為了祈求現實或來世的利益，乃至為了成就什麼功德；做完課誦之後，也可以發願祈求你所希望達成的願望。但在課誦時，應當專心一意於課誦，不得有任何祈求的念頭。最好的態度是，但為眾生離苦得樂，不為自己有所祈求，那就是菩薩道的修行態度。其實不為己求而修行，才是最大的功德。

消災、延生是可能的嗎？

佛法所講的因果，就是指自然力的平衡。災難現象的發生或幸福的來臨，就是因果的酬償。善因的酬償是富貴壽考，惡業的酬償是災難病厄。所以從佛法的觀點而言，消災、延生的最好辦法，是為善去惡。

消災、延生的原理，在於懺悔及發願。應該接受的果報，必須接受；但是在懺悔心生起之後，願心發起之時，未發生的果報也會跟著轉變。這好像犯罪的人，在受審之時，若承認犯行而有悔意，並和法官合作的話，法庭對他的判罪量刑會減輕。古有戴罪立功、將功贖罪，今有判緩刑而不收監執行，有不起訴處分，還有庭外和解等，都是雖有罪行的因，而能轉變了犯罪果報的例子。

祈求消災、延生的人，不會一邊祈求，一邊繼續造惡，這即是懺悔。而且以做佛事的誦經、拜懺、布施、供養來求消災、延生，便是對淪於鬼神道中的宿世怨親債主，用佛法開導，使之心開意解，脫離苦趣，不再索還舊債。再者，由於發願的力量，而將未發事件的因素改變。若繼續作惡，便和災難的原因相應，若棄惡向善，便消弭了災難的因素而遠離災難了。

所以，發願、學佛、修善，能夠改變未來的命運。當然，其中有佛法不可思議的力量在；經中說，皈依三寶即有三十六位大善神來做護持，求願消災、延生的人，既皈敬三寶，當然也有善神護持。由於無始以來，善惡因果循環不已，而且複雜之至，恩恩怨怨，彼此交錯，誰先欠誰，一般眾生乃至於羅漢都難辨明；若以佛法的力量和護法善神的庇佑，應受的果報，也不一定非受不可。例如富貴者不會和貧賤之人計較小債而急求償還，當宿世的怨親，超生離苦之後，心頭的怨恨消除了，便不再以怨報怨了，這就是消災和延生的道理。

加持的功用是真的嗎？

佛教的教法可以涵蓋許多不同內容的層次，從民間信仰的層次、高級宗教的層次、哲學的層次以及到達實相無相的層次。

若從實相無相的層次而言，這是佛教的根本，也是佛教的基礎，因為佛法主張離欲、無所求、無所依、無所執著才是解脫；不執著有無、善惡、瞋愛、得失等任何一邊，故稱為佛法無邊，稱為究竟自在；所以，也就無需求取加持或給予加持。

但是人間屬於凡夫的世界，雖然以知識能夠理解無求、無欲的解脫境界才是究竟自在；然一旦遇到身心的病障、家人的災難、事業的不順，就會自然而然期待外力的支援、神力的加持、佛菩薩的救濟。因此，加持雖非佛法的究竟，佛教為了接引方便，和適應大眾的需要，並不否定和反對加持的信仰和作用。

加持的功能，來自咒力、願力和心力。持咒功力深厚的人，咒的本身產生了感應力，能夠感通鬼神，協助並加持人；願力強的人能夠以發願心感通諸佛菩薩以及護法龍天的護持和救濟；心力強的人可以直接影響被加持者的心向，加強他們的意志，轉變他們的觀念，所謂逢凶化吉、消災、治病，都是以精神的心力為主宰。

加持的力量，即是轉變被加持者的心，也就轉變了他們的力量。所謂神力的加持，主要在於幫助被加持者安心、安身而度過難關，加強他們的勇氣和毅力面對現實，不是叫他躲債、逃債、逃避現實。當然，可由加持力來緩和、緩衝當面的壓力和衝擊，然後借力化力，以化解衝擊和壓力於無形。

從民間信仰的層次而言，加持力屬於他力而非自力，那就是以加持者的心力、願力及咒力直接來解除被加持者的問題，這是一般人所共同企求和信仰的。因為不需自己的修持，不需付出相對的代價，就能解決重大的危機，這也是民間的鬼神信仰普遍的原因。可是，累次的加持，只能阻擋禍患於一時，不能解決問題於永久；好像托庇於權威人士的勢力，而逃避黑社會或債主的追索，當庇佑的勢力消失或失勢之時，災難會再度降臨，而且變本加厲。

佛法則不然，如為冤孽、宿債所困擾、障礙，則以加持者的慈悲力和修持力來感化、疏導那些怨親債主的仇恨、執著、報復之心，使之脫離委屈而轉生善道，被加持者也就因此而得到消災免難、吉祥如意的效果。不過事後，必須皈依三寶、修持佛法、造福眾生；否則會再造惡業，重受苦果。

有人持〈大悲咒〉於水中，有人以咒願力或祝福加予念珠、法物乃至於普通的物品上，而使之成為有治病、避邪、安宅、降福等的靈物。這是由於咒願力以及加持者的修持力、福德力、心力，而使被加持的物品產生力量。但是依加持者的功力深淺，使得被加持物的時效有長有短，屬於感應的範圍，只要如法修持，就能做到，是純他力的。但如果被加持者自己不修行，就等於向銀行貸款，受過加持之後，雖有一段時間的幸運，過了不久，問題更多，債務更重。因此，加持只是一種方便，不是根本辦法。

大修行者能代眾生消業嗎？

是的，有人做如此說，大修行者能代替有緣的眾生受報。比如有人說，虛雲老和尚遭受雲門事件，拷問毒打，遍體鱗傷，幾乎致死，是代全大陸的中國人受難。又有說某某大喇嘛或轉世者因害某種痛苦的疾病死亡，是為了替代全人類消業。或者某某大修行者，以種種苦行，如冬天雪中臥，夏天烈日下坐；或用其他的人為方式，來折磨肉體，為了祈求某些人或人類大眾的平安、健康。其實這都是似是而非的見解，不是佛法的正見。

佛法所講的因果，是眾生共同的，各自造作不同的別業受別報，多人造作相同的共業受共報；造惡業受苦報，造善業受福報。例如眾人都吃飯眾人都能飽，眾人不吃飯眾人皆飢餓；一人吃飯不能使得眾人皆飽，一人不吃飯也與眾人的飢飽無關。所以說，各人生死各人了，各人罪業各人消，正如《地藏經》說：「父子至親，歧路各別，縱然相逢，無肯代受。」

大修行者的修行力量，的確能夠影響其他的人。在某地有一大修行人，那地方的大眾都會受到益處；某時出了一大修行人，那一時代的人都會受到幫助，那是大修行者行持力的感應及其言行的感化，使得大眾趨善避惡，使得鬼神調柔護持；但這也是由於當時、當地眾生的福德所感，而有大修行者出現，不是大修行者能代眾生消業。

如果大修行者也發生災難、惡疾，那有兩種可能：一是聖人示現凡夫相，視同凡夫，受災受難，是為了能接近凡夫大眾，感動凡夫眾生；二是因為大修行者本身的業報所感，最後身的佛及羅漢還要受報，何況是一般凡夫階段的大修行者。有的是因精進修行，使天魔恐懼，或往昔的怨親債主現生於神鬼道中者發愁，唯恐大修行人，出離生死之後，不再受其控制，無法索取所欠的債務，因此而有種種的大魔難、大疾病，紛紛降臨。也有由於大修行力，使得應墮地獄、畜生、餓鬼的罪報，而以人間的災難、疾病來抵償，稱為重罪輕報。所以大修行者的災難、疾病都是好現象，不過不是為了代眾生消業障。

至於代受果報、代消業障的觀念，是沿襲神教的思想而來。比如，耶穌基督是代世人贖罪而死於十字架上；中國的民間信仰也相信菩薩能夠代眾生消業障，比如，相信藥師佛既號稱「消災延壽」，必能代眾生消業，或認為地藏菩薩入地獄度眾生，也就是為了代眾生消業；更有人為了父母及親人的消災、延壽，而有發願自己吃素、出家，或者減壽、借壽等的信仰，這些觀念和作法雖出自一片好心，但和根本佛法的因果律卻不相應。

我們只能以行善、持戒以及大修持的功德力量迴向眾生，使眾生獲益；就像是用鏡子接受到陽光，折射至黑暗的所在，使得本是黑暗之處，也能得到光明一樣。可是如果是盲者，還是看不到光明的；能見到光明的，還是因為他有眼睛，那便是說本具善根的人，才能得到大修行者的幫忙。所以，佛教對於非理性的苦行以及借壽等的迷信行為，不予贊成。

有人認為修行人或者是通靈的靈媒，能夠為人消業、治病、趕鬼、驅魔，這在民間信仰的層次，的確受到肯定。但是佛說定業不可轉，該受的果報，必須接受；民間信仰的宗教力量，雖也能夠有若干的功效，但是不能夠解決根本問題。

用咒術力或修行者的心力，可為他人的業障做一時的阻擋，但是如果阻擋太多，或勉強阻擋，施術者或修行者的本身就會受到反擊而致疾病，甚至死亡；那好像是用三合板去阻擋山洪爆發，必定也將被洪流沖走，這不是代眾生消業，那是他自己造業而受到果報。因他違背因果，雖存心做好事而使人家暫時不受報，事實上卻是天網恢恢，疏而不漏，絕沒有造了惡業，而能不受惡報的道理；違背自然，即是違背因果。

不論以咒術的神王之力或修行者的心力助人，必須基於相對的原則，那就是受助者的善根以及心向的轉變，加上修行者的咒力或心力才能產生正面的效果，那叫感應道交；這還是在合理的原則下，所產生的效果，不是代為消業。

持咒有用嗎？

咒的作用應該是被肯定的；它是用特定的音符和特定的語句所組成的符號，代表著特定神明或佛菩薩的尊稱和力量，從原始民族的宗教起即已發生。咒語的出現，一般是透過所謂通靈者的媒介，由神靈所傳授，而為民間所採用，不論東西方，都有咒語的流傳、使用和信仰。在中國民間，符咒並用。符是用筆繪成的符號，也是代表特定神明的靈力，所以，遇到一些小不如意事，以現代人所稱的民俗治療法，也可以產生療效，由所謂民間信仰的符咒力達到驅邪、避凶、趨吉的目的。

在釋迦世尊時代，也有少數弟子採用類似的咒術，而為佛所不許。佛滅之後，佛教徒的分子漸漸複雜，有些本來就是外道的咒術師，皈依三寶而出家為比丘，故在《四分律》卷二十七、《十誦律》卷四十六等，有用咒治病的記載。然依根本佛法，應該是有病看醫生，有災難要懺悔、存善心、做善事，才是逢凶化吉、解冤釋結、消除業障最好的辦法，所以，原則上並不重視咒語的使用。（請參閱拙著《印度佛教史》第十二章第一節）

可是，以同一種特定的語句反覆地持誦，便會產生咒的力量，其中固然有代表神明的靈力，重要的還是持誦者的心念集中之力。所以，持咒者持誦愈久，效驗愈強；如果能夠專心一致，反覆持誦同一咒文，也能達成統一身心，從有念而至無念的禪定效果。所以，後期的佛教，也不反對使用持咒的法門，並且由於梵文的咒有總持的意思，就是以一咒的咒法，統攝一切法，任何一咒語，只要修之如法，持之以恆，都有相當大的效驗。主要是因持咒兼帶持戒、修定，產生慈悲心和智慧力，必然能夠去執著而消業障，這樣也必定能感通諸佛菩薩的本誓願力。

因此，什麼叫咒王？以總持的意義說，任何一咒，持之得力，都是咒王；除了邪法、邪咒，用來損人利己，或者是報復、報仇、洩憤等以害人為目的的咒術之外，都可以持誦。

早期的中國佛教，也不重視持咒，如果持咒便被稱為雜修、雜行，故雖早在魏晉時代，就已譯出了〈孔雀王經咒〉；而〈大悲咒〉則在唐高宗時代就已翻譯成了中文，這都是密教最初傳入中國的事。但直到宋朝，才被天台宗的四明知禮大師予以提倡而普及。〈楞嚴咒〉在晚唐時期，即已流傳於中國，卻到了宋以後，隨著《楞嚴經》的普遍受到重視，才被各寺院所持誦。到了明末之際，所編成的《禪門日誦》課本裡面，開始收有許多的咒語。

因此，在唐、宋時代傳到日本的佛教，並不流行咒語，除了密宗之外，也並不重視咒語，他們的淨土宗專門念佛，禪宗專門參禪，天台宗專門修止觀，對我們近代的中國佛教，大家都兼修持咒法門的現象，日本佛教界感到很奇怪。但是，在中國民間因持〈大悲咒〉而得感應的例子，相當顯著，所以，我們不可反對持咒法門。

現在佛教所用的咒語之中，多半是神天的名字，和代表神力的尊號，這是因為大乘思想，將一切善法的力量和產生功德的作用，都視為佛菩薩的權現和化現，所以將一切神王、鬼王視為佛菩薩的代表。既然是佛教所用的咒語，一定有佛菩薩的名號在內，也有皈敬三寶的語句在內，不過是用梵音的直譯，而不是用漢語的義譯。比如說：「南無佛陀、南無達摩、南無僧伽」，便是皈敬三寶的梵語，如果持誦「南無觀世音菩薩」，那就成了語意明瞭的咒語。

真正持咒的人也講咒音，最好是以梵語的原音發音，而且每一個音節在印度都有它一定的意義和作用，所以，今人有說「阿（ㄚ）彌陀」的ㄛ最好能發音為「阿（ㄚ）彌陀」不無理由。但是一切修持法門，以心為主，音聲是其次的，千百年來中國人念「阿（ㄛ）彌陀佛」，並沒有發生什麼不良的後果或作用，也沒有因此而打了折扣的記錄。〈大悲咒〉也是一樣，今天的西藏人、韓國人、日本人、越南人和漢人都持〈大悲咒〉，發音彼此各異，可是也能收有相同的效應。

所謂咒語的密付、密傳，是那些被西藏佛教列為高層次的密法，即瑜伽密及無上瑜伽密，有他們一定的儀軌和修法的程序，重於心理的引導，故需要師師相傳。普通運用的咒語則不需要。

今日的附佛法外道及自稱上師的神鬼教，都有密法密傳之說。在印度的各派外道中也有這種現象，比如現在流行的超覺靜坐，就有它的字訣密咒，臺灣的一貫道也有五字訣。對正常的社會而言，這種密法的流傳，是不健康的現象。

佛教相信在劫難逃、在數難逃之說嗎？

佛教不相信定命論，但是相信因果論。因果是可以改變的，過去已造的因加上現在的緣，可以改變它的結果。但是佛說：定業不可轉，重業不可救。所謂定業，是造了極大的惡業，如五逆——殺父、殺母、殺阿羅漢、破和合僧、出佛身血；又如毀謗三寶、殺人越貨、縱火決堤、強暴婦女等重大的犯罪行為，都是不可變轉的罪業。因為這些行為不僅造成他人生命的喪失，並長久影響社會的安定，所以必須受報。

古來已有「欲知世上刀兵劫，但聽屠門半夜聲」的諺語。殺生太多，不免引起戰爭，而相互的殘殺與鬥爭，則會招致兵荒馬亂、十室九空、哀鴻遍野等劫難。

「劫」是時間或時限的意思。惡因若累積到某種程度，便會發生某種災難，有的是區域性的，有的則是全國性乃至世界性的，但看造業人數的多寡和所造之業的輕重而定。今生造業不一定今生受報；但在過去世中，於不同的地方，各人造了某類的惡業之因，就會在未來世中的某個時代的同一環境中，受到相同的惡報。

「數」不是佛學名詞。屈原於《楚辭》的〈卜居〉內有云：「數有所不逮，神有所不通。」此數是指占卜之術數；《書經》的〈大禹謨〉則云「天之曆數在汝躬」，以及收錄於《文選》應璩所撰之〈與侍郎曹長思書〉一文內又云：「春生者繁華，秋榮者零悴，自然之數，豈有恨哉！」這些都是講天理、命運或氣運之說。而將之與佛教的「劫」字配合，便產生「劫數」之說了。

佛教所講的「劫」，是梵語「劫波」（kalpa）的音譯，指非常長的時間過程，其有大、中、小劫。所謂小劫，若用比例來說，如果人類壽命最長可達八萬四千歲，最短僅得十歲，那麼，從八萬四千歲起每一百年減一歲，減到只剩十歲，再從十歲起，每一百年加一歲，加到八萬四千歲，如此一減一加的歷程，總稱為一小劫；二十個小劫為一中劫。眾生所居住的世間分為成、住、壞、空四個階段，每一階段是一個中劫；四個中劫成一循環，是為一大劫。

據佛經所說，只有「住」的階段有眾生活動，其他三個階段，眾生應是遷到他方世界去。而在還沒有遷出之前，遇到「壞」的階段開始時，會有大火、大水或大風等的災變發生，稱為「劫難」，能把物質世界以至禪定世界全部摧毀。尚未脫離這個世界的眾生，就是在劫難逃。劫難之後，如果業報未了，業識——生命的主體，即轉生他方世界繼續受報；如果業報已了，不待劫難到來便生佛國淨土，從此超出三界，永遠不再遭受劫難的摧迫，稱為「出離苦海」。當然，若不修行佛法，要想脫離這樣的劫難是不可能的。

民間傳說的在劫在數，雖和佛法相關，卻是只知其然而不知其所以然，只知無法逃避而不知如何超脫。所以民間每經一段承平時代，便喪失憂患意識而形成歌舞昇平、生活靡爛、道德墮落和思想腐敗等現象，某些預言就會因此傳出而呼告大眾：將有天災人禍、戰亂等發生，會有多少人死亡等等；甚至危言聳聽，說死裡逃生的人少如漏網之魚。其中有些預言說這是無可挽回的事情，但也有若干預言呼籲社會大眾及時端正人心，勸惡向善，回頭是岸，以挽救劫難於臨頭。這些預言大致是出於民間信仰的有心之士，也有的是出於佛教徒的化世方便。

有些人士基於在劫在數的觀念，以為那些殺人魔王的出世似乎也有道理，即不是他們要殺人，而是被殺的人需要他們來處理，否則善惡因果報應之說就無法完成。這種說法必須糾正，如果說魔王是應眾生須受劫難而來，則好比是劊子手行刑殺人，是執法而非犯法造罪。其實，既被稱作魔王，就算是造罪而非「替天行道」的執法行為，唯有自然的災變及人力無從抗拒而遭的劫難，始為「天數」。所以，魔王殺人，惡業極重，也是要受惡報的。

如果是來自火、水、風等的天災殺人，則是自然的報應，其中沒有人格的魔力或出於某些惡人的意欲，乃是造業者直接受報。所以在佛經中只有說火、水、風等自然的劫難，沒有說由魔或魔的代理人來執行眾生的惡報。因為被魔王殺的人，雖然很可能是罪有應得，但也可能是出於魔王的一時憤怒，或出於惡人的偏激瘋狂，甚至會促成更多人假藉替天行道的名義而塗炭生靈，這樣不僅不公正，也給宵小犯罪作惡的口實，所以，佛教不贊成以魔王代替自然災害來殺戮眾生的說法。

眾生為了逃避劫數，必須修學佛法。修五戒十善能免除三塗之苦，即刀兵、水火和地獄諸苦；修禪定能暫時免除內心煩惱之苦；若能開悟而得智慧，即可出離三界的生死之苦。如果自己沒有信心修好五戒十善及禪定智慧，也該多念阿彌陀佛，發願往生西方阿彌陀佛的極樂世界，同樣可以出離生死的範圍。可惜眾生只畏苦果，而不知避惡因。其實，最好的辦法是即時去惡向善，廣種福田，修學佛法，發菩提心，求成佛道，如此即可免遭受未來的劫數之難。

如何使人相信三世因果？

通常認為若要了解三世因果，必須藉宿命通知道過去，用天眼通知道未來，才能親見三世因果。其實，這是似是而非的觀念。

所謂三世，是指時間上的過去、現在、未來，可長可短、可近可遠，長的以無量數的阿僧祇劫計算——過去阿僧祇劫、現在阿僧祇劫、未來阿僧祇劫；比如說：眾生發心成佛，要經過三大阿僧祇劫。其次以大劫計算，例如說：過去劫、現在劫、未來劫；再次，以生命的生死計算，過去世、現在世、未來世；最少以秒乃至於比瞬間還要短的剎那計算，前剎那、現剎那、未來剎那。一切眾生，如果不出生死，就在無窮的三世之中，無盡的時間裡邊，一直循環延續下去。如果僅僅把前生、現生、未來生看成三世因果，那是看得太狹隘了。

人既知有現生之中的三世因果，必能推想到有無盡的三世因果；不過問題在於今生的三世因果，是憑記憶力——所謂經驗而能相信、接受的，對於隔生或生前與死後的因果關係及事實，因為已出乎用腦細胞記憶的範圍，所以，難以接受和相信。因此要求訴於鬼神和神通的幫助，等到親見了過去和未來的生命現象，才能真正地篤信不疑。

神通和神鬼的力量是有的，但極其有限；縱然能夠使人知道過去世或未來世，也是極其短近的時間範圍，不可能使人知道無窮無盡的過去和未來。既然如此，那依舊不能使你相信最初是什麼？最後是什麼？是有？還是沒有？懷疑三世因果的問號依然存在。

佛法徹底解決這個問題的辦法，不是用神通和神鬼的力量來告訴你過去和未來，而是要你知道兩句話：「欲知前世因，今生受者是；欲知來世果，今生做者是。」現在的今生就是未來的過去；現在的未來，就是未來的現在；現在的過去，就是過去的現在。因此，只要你清楚地了解、掌握現在這一刻，那就已經包括了三世因果的現象。否則追求、追問、探知過去和未來，除了增加現在的困擾和浪費現在的時間之外，別無益處，既對於現在無補，對未來也無益。

現在有好運，一定在過去曾有好的業因，現在有厄運，一定是由於過去所造成的惡業；未來的好運，一定是從過去的善業加上現在的努力，未來的厄運，一定是過去的惡業加上現在的懈怠和造惡。命運掌握在自己的過去、現在和未來，但基於個人現在的善惡與勤惰，厄運可以改變，好運也會消失。

有些人因為不能見到過去和未來，所以不能相信過去和未來的存在。其實，如果沒有見到的就不能相信或不能接受的話，那即使在現生之中，也有許多不能相信和不能接受的事了。例如：民族的歷史、宗族的族譜、家族的家譜，所記載先民和祖先的事蹟，有誰親眼見到的？曾經見過曾祖父或高曾祖父的人，就很少了，但總不能因此否定祖先的存在吧？所以，肉體生命的遺傳，是來自列祖、列宗，亦能傳之於子孫萬代，這就是肉體的三世因果。

而今生之前，必然有無始的源頭和未來的去向，物質的肉體之外，必有靈魂、精神或佛教所說的神識的遷流。然而，以唯物論的立場，人死如燈滅，除物質外，沒有精神；這樣的論調對於人類而言，容易養成不需為自身行為負責任的態度，甚至演變成殘殺、鬥爭，為達個人或某個集團的利益，可以不擇手段去犧牲他人的利益，或犧牲其他集團以及其他族類的生命和財產。所以，為了對於個人的未來有所寄託，並指出方向和努力的前程，相信有神識的三世因果，是最安全的。而全體人類若都能接受神識的三世因果，便可完成互敬、互助、互諒、彼此共存共榮，而不相互傷害的生存環境。否則的話，造如是因，必得如是果，善惡不分，利害互見，便會造成將來世界的動亂與不安。

佛教對於命相、風水的看法如何？

命相、星相以及風水地理，起源很早，以星相家的傳說，可以推到太古以前，天地始成之時，也就是當宇宙存在的同時，就已形成了它們的原理。

以佛教的觀點看來，對於命相、風水之術，既不否定也不肯定，因為它們雖有一定的道理，但並不是絕對的真理，可信但不足以迷信；可不信，不信亦無大患。所以，釋迦世尊禁止弟子們從事星相、風水、卜筮等的行為，但也沒有反對它們的存在。

星相，就是天體的運行和我們所處地球位置的關係，彼此間有其一定的軌道，而產生了氣候季節的變化、地理位置的配置和人物居住的環境。若配合了出生的時日年分，予以相加、相乘和相除，便成了生辰八字的命理原則。比如馬年生於冬天的北方，命不會好，因為馬在冬天的北方，沒有草吃；如果兔年生於春天的南方，在近山靠水之處，則命運一定會好。可是從佛家的立場說，人的禍福吉凶，是由於過去世的善惡業因而感得今生的果報，這是先天的；如果加上後天的努力或懈怠，就會改變或影響這生的命運，這是後天的因素加上先天的條件，而構成所謂命運的好壞。

因為過去世所造不同的業因，所以感受到今生不同的環境。所謂環境，包括父母的遺傳，文化和文明的背景，養育和教育，乃至兄弟等親戚、師長、朋友、同事、同學，都會影響一生的命運。如果前生的業因雖壞，感得今生的環境也壞，那也未必是決定的壞；只要注意內心的修養，身體的健康，知識的增長和智慧的開發，就會改變原有的命運。所以，僅僅根據生辰八字的命理，來判斷人一生的運道，對中下等人不無道理，對中上等人，特別是上上等人，是無法掌握的。

命理和相理應該分開來說：命理是到出生為止的所謂生辰八字，屬於先天的。相理是從出生之後，一方面接收了父母遺傳的身相，包括面相、骨相、聲相、手相；另一方面由於後天的鍛鍊或糟蹋，健康或殘障以及心理的是否正常平衡，而會使得出生時的身相隨著生命的過程有不同程度的改變，這才是相理的總和。所以，命理不能轉，相理隨時變、隨心變，因此相無定相，命無定命，當然是可信可不信。

至於風水、地理是依據天體的方位和地理的形貌而決定它對於人的影響力的好壞利弊，這是屬於自然，也是屬於常識的。順乎自然即可以得天時之正、獲山川之利；背乎自然，則相反。這從哲學上講，是屬於形而下的應用哲學或自然科學。近代的人又以磁場、磁力的科學依據來說明風水、地理的原理；磁力集中點，磁場的順方位，對於人體有益，也對於人的心情有助；否則，也是相反。

所謂風水，風是空氣，是來自空中的活力；水是萬物生長之必需，是來自地下的活力。有了這兩種活力的配合，再加上能夠吸收充分陽光的地理位置，那不等於近人所說的生命三要素：陽光、空氣、水嗎？

可是我所熟識的名地理學家李易濃先生說：要有1.積功累德；2.生辰八字；3.地理風水，三個條件都配合得好，才能夠富貴壽考。所謂生辰八字，就是先天的命理；所謂積功累德，就是後天的努力修養；地理、風水只占其中三分之一。如果命壞而又心惡、行為不正，不會找到好的風水；縱然已得好的風水，也會遭受水災、地震等的自然災變所破壞。而且他又說：「三分風水七分做。」也就是風水必須加上人為的努力，去改善環境。因此，從佛教的立場說，風水、地理雖然有其道理，但也未必是決定的道理。

古來祖師都能在高地峻嶺，深山大澤，闢草莽，建叢林，安眾養道，成為後來的名山。既是名山，必占好的風水、地理，歷千年而不墜，經萬世而不敗，這是多麼好的風水、地理；但是他們都沒有風水、地理的專業知識，而且往往還能夠改變地理，不假以人工而有自然變化的現象。像民國二十五年（西元一九三六年）虛雲老和尚復興曹溪門庭南華寺的時候，就發生了大雨築堤、河流改道的事實。

另外，我們北投中華佛教文化館新館的地理位置，只因我本人從四周環境和方位所得到的自然反應，覺得非常舒暢，所以沒有請地理師之前，就已做了擇地的決定，結果，由專家們勘定之時，都說：「好！好！」我可說是一個毫無地理、風水知識的人，只是知其原理，認為此理與彼理，應該理理相通才是。因此，我既信又不信；為了我自己，我不必去信；為了隨俗，以慰大眾，請專家勘定作為參考，也無傷大雅。所謂參考，僅止於參考，不可盲從盲信，否則反而會遭致心理上的困擾及生活上的不便。

反觀，職業的星相士或被譽為卓越的星相家，很少能為他們自己找到好的風水、地理，也很少有星相學家用他們自己的學理和經驗來改變他們自己的命運。因此，佛教徒應該以學佛為根本，以佛法來化導眾生為根本，若以命理、星相、風水為專業，則是本末倒置。上智者不妨涉獵，中下之人若研究此等雜書、外術，浪費時間，妨礙正修，宜予設限。

「念佛一聲罪滅河沙」是真的嗎？

這句是從發心的觀點說。

佛教的滅罪理論和基督教的贖罪思想不同。基督教說，耶穌受十字架釘死就是代世人贖罪，凡是信他的人，都能免罪而成為無罪。但是又說，人不以自己的善惡行為作為有罪無罪的判斷，人之能否進入天國，是看上帝的審判來決定，因此，基督教的贖罪之說，有它的矛盾。上帝既然基於愛來造人，又要基於人類的原罪而來贖罪，結果只有為上帝選中的人能被召至天國，其他的人都將被丟進煉獄。愛與罰、善與惡，不是基於人類的道德，而是出乎上帝的大能或權威，基督教強調信者得救，倫理的矛盾與否，對他們不能構成問題。

佛法不是如此，佛能救濟眾生，這是誘導、啟發眾生自己來去惡向善，再自有漏善而至無漏善，也就是從不造三惡道的因為起點；繼續努力則修人天福報，成為有漏善；再修菩薩道乃至於佛道，成為無漏善，即是徹底滅罪。

經說：「罪性本空由心造，心若滅時罪亦亡。」罪是由於造作惡業所成，又叫作煩惱垢和罪垢。罪的完成必須有三個條件：有心犯罪、知道是犯罪、確已犯了罪。比如殺人，預謀殺人、知道是殺人而真的殺人，如缺其一，便不成為重罪或不成為犯罪，其中最主要的是意念。若未預謀殺人，也不知道是殺人，而人被殺了，不算犯殺人戒。比如心狂意亂，失去理智的人，雖殺人不犯殺人罪。

念佛的人，心向於佛，只此一念已超三界；如果第二念忘掉了念佛，則仍在三界。念佛心與佛相應，則遠離無量罪業，念念念佛，念念離無量罪業，永遠念佛則不受三界果報。

滅罪的意思，第一層次是遠離罪惡的業因，第二層是不受罪的果報。所謂不受果報，也有兩層意思，第一是已得解脫之人，雖受三界身，不以為苦，所以，等於沒有果報；第二是罪業種子久久沒有機會受報，就如植物的種子置於石頭之上，曝於烈日之下，久了自然失去發芽的功能。

帶業往生等於逃債嗎？

所謂帶業往生，是淨土行者的觀念，但在淨土經典裡面，不曾出現過這樣的名詞。所以，數年前曾有密教的瑜伽士和顯教的淨土行者之間，發生了一場「消業往生」和「帶業往生」的論戰。不過，根據《觀無量壽經》和《無量壽經》中說到，凡夫持念阿彌陀佛名號，仰仗阿彌陀佛在因地所發的大誓願力，雖曾造大惡業，也能往生彼國。因此，中國淨土行者就倡出帶業往生之說。

以通途而言，菩薩以願力來世間救度眾生，凡夫以業力來世間接受果報。在接受果報的同時又再造業，不論造的是善業或惡業，均不能出離三界。造大惡業則下墮三途受罪報；造大善業則上生天界享天福；若既造善業也造惡業，則生人間和神道，既受苦報也享福報，且苦多樂少。唯有修行清淨的解脫業，也就是除了五戒、十善的善業外，再加上修定和慧，直至煩惱斷除為止，才能出離生死、永出三界。

而淨土法門是殊勝方便，可仰仗阿彌陀佛本誓願力而橫出三界；凡是能夠深信而發切願，願生彼佛淨土者，縱有生死重罪、無數惡業，亦能往生彼佛的極樂世界。其後繼續熏聞佛法、增長菩提。到了彼佛國土，由於環境殊勝，不但沒有再造惡業的機會，且經過長期的熏聞，使先前所造的惡業種子，也逐漸萎縮，不再發芽、生長而接受果報了。以上就是「帶業往生」的理論。

當然在西方淨土，修到位階不退，證得聖果，再還入娑婆，現種種身相，度種種眾生，其可托胎化生，可變化化生。若托胎化生，一樣得接受和凡夫眾生相同的身體和環境，一樣會受到眾生所受的種種苦痛交迫、煎熬。此對眾生而言，乃屬業報，但對這些乘願再來的聖者而言，雖然也是受報，卻不以為苦。所以，雖帶業往生，卻未曾逃債，雖身受果報，卻與凡夫眾生大異其趣。

可見，如不往生淨土，便將永遠流轉於生死苦海之中，一再地造業受報，受報造業，循環不已，稱為流轉。若能往生淨土，帶業而去，消業而還，再來世間受報，已經沒有苦果的實質，而僅有類似於果報的現象。因此，我們也不妨相信帶業往生、消業受報的觀念。但這和造業受報的凡夫是不能同日而語的，因為一個是自主的，以願力來度眾生；一個是受業力牽制的，不能自主，是出於苦果和苦因的循環再循環。

不過，密教另有一套理論，認為可以修持密法，或以某一大修行者的加持力，能即身消除一切業障，而以清淨無障之身心，往生佛國。看來相當迷人，實則此乃與一神教的神力贖罪、代罪、消罪、免罪的觀念有點相似，與根本佛法的因果觀念不甚相應。

何謂念佛至一心不亂？

「一心不亂」這句話，出於《阿彌陀經》，在《遺教經》中也說到：「制之一處，無事不辦。」一心不亂的意思是屬於修定的法門之一，又稱念佛三昧，或稱般舟三昧，或稱一行三昧。在晉譯《華嚴經》卷四十六〈入法界品〉中，列有二十一種念佛三昧；而《阿彌陀經》則說若一日乃至七日，專持「阿彌陀佛」名號，能得一心不亂，臨命終時，即得往生西方極樂世界。

一心是對散心說的。若一方面口中念佛名號，一方面心中還有種種妄想，那是散心念佛；如果念佛念到心口一致，沒有雜亂妄想，只有佛號的相續，念念之間，只有佛號，不念而自念，這便與《楞嚴經》所說，「淨念相繼」的工夫吻合。

根據明末蓮池大師的《阿彌陀經疏鈔》所示，一心可分為「事一心」和「理一心」。所謂「事一心」也就是心無雜念、心口相應，念念是佛號。自己知道在念佛，而且有佛號可念，便是一心念佛，或稱全心念佛。由於專心念佛，即能達成禪宗所謂「工夫成片」的層次了。再深一層說，才是三昧或定的程度，也就是忘我的覺受現前。

所謂「理一心」即是與理相應，親見阿彌陀佛的法身，彌陀即是自性，西方不離方寸，那就是「自性彌陀，唯心淨土」的境界現前。「事一心」屬於禪觀、禪定的層次；「理一心」則是禪悟的層次，這都是禪淨雙修的結果。以淨土的念佛為入門，達成三昧及了悟解脫的目的。

通常所說的一心不亂，應該是指專心一意的意思。於念佛時，心繫佛號、口持其名、耳聞其聲、心無二用，即為一心，則臨命終時，即能往生。

念佛的人見到瑞相怎麼辦？

念佛法門是屬於有相的。《觀無量壽經》的出現，就是因為釋迦世尊時代的惡王阿闍世，篡奪王位，幽禁他的父王頻婆娑羅及母后韋提希。韋提希在被幽禁處，祈禱釋迦世尊前來慰問說法，釋尊應其所感，而以神通於韋提希夫人面前示現十方諸佛淨妙國土。夫人特選西方阿彌陀佛的極樂世界，佛陀便為她說了求生彼國的十六種修持法門。於是韋提希夫人和她的五百位侍女，均證得無生法忍，而得以往生彼國。

該經介紹的往生西方淨土，共分為九個等級。於臨命終時，則不論生何等級，均有見佛菩薩、見蓮華台等瑞相現前。故在念佛過程中，若見到諸佛菩薩示現各種瑞相或淨土的依正莊嚴時，乃屬正常。

在《地藏經》所說的地藏菩薩在因地為光目女時，因念清淨蓮華目如來，並設像供養，即夢見佛，放光開示，又親聞佛示現相告。另又在地藏菩薩做婆羅門女時，為度其母，乃供養覺華定自在王如來形像，即聞彼佛於空中相告，囑其回家端坐思惟，繫念彼佛名號，經一日一夜，即親至地獄。也說到，由於懺罪而能見覺華定自在王如來，即是滅罪的瑞相。

如果平時念佛，不以求見瑞相為目的，而是瑞相自現的話，那可能是好，也不一定是很好。見到瑞相能夠使人增長信心，因為他有身歷其境的體驗，即有真實的感受。倘若僅為求見瑞相而念佛，念佛的心便不夠純淨，瑞相的出現就可能是心神恍惚所產生的幻相了。

在心理受到刺激、頭腦過分勞累或迫切期待、追求靈驗的情況下，很容易會產生幻相。輕者成為神經質，嚴重則成狂亂的魔障，那時，就需要相當小心了。又由於虔誠心的感應或企求心的真切下，也可能出現瑞相的幻境；也有可能是由於知見不正、心態不清，所以引來魔擾。

因此，從正信的佛法而言，念佛的目的不在求其瑞相的現前，如果見光、見花、聞香、聞聲，例如見極樂勝景、見諸佛菩薩，只要心不貪戀、意不顛倒，只管一心念佛，這樣是最安全的。

又若臨終見瑞相，不是出於想像，而是自然感得，此將在下一篇談到。

萬一念佛時常出現瑞相，這並非好事，因為會使得念佛者無法專精念佛，甚至誤導使其離開佛法而成為鬼神用來作為表現異能、宣說外道思想的工具。如果自己無法辨明邪正，那就不去理它，只要把注意力隨時置於佛號，瑞相自然會消失；如果被它緊纏不放，無法擺脫時，最好去請教高僧大德居士們，依據正信的法義予以開導。

臨命終時見瑞相就表示解脫嗎？

可能是解脫，但多半不是。所謂臨命終時顯現的瑞相，是指奇香瀰漫、天樂鳴空、光環、光束、光團的顯現，佛菩薩影像現形、鳥獸齊鳴、香花乍開、草木變色、風雲變化、雷電交作、遺體柔軟，乃至火化後出現舍利子等。這些都是由於修善、積德的福德相。在生之際，為人正直，多行布施，死時即有可能出現瑞相，死後就成為大福德的鬼神。

如果罪福並行，而福多於罪，貪瞋未除，即成為大力的鬼；如果貪瞋輕微、福德增上，就生為欲界的天神；如果修行佛法，戒、定、慧三學並重，縱然不出三界，也會生為欲界的忉利天和色界的五淨居天。在生天以後，依舊能夠見佛聞法，供養十方一切諸佛，常和諸大菩薩聚會一處，漸漸而得出離三界、解脫生死。如果受持三皈五戒，精進念佛，一心嚮往極樂世界，命終之時，即得往生彼國。當然十方世界有無量諸佛，求願往生，均有可能。

由以上可見，只要能夠在人間積福、修善就能夠不墮三塗，而能生於人間、天上，命終之時，多少會有些瑞相；縱然生於鬼道，由於福德之力，於臨命終時，也能發生若干瑞相。有的瑞相只是亡者命終時的自見，有的瑞相能讓多人共見乃至眾人皆見，甚至可用攝影、錄音等所需的工具、設施錄製下來，如此一來，則更可產生令人起信的效果。

至於身體柔軟、面色如生，當然是屬善相，可得生天。但也有可能是大力魔神，藉此顯露其神異，而非亡者本身的功德。其主要目的，是為了表現他們本身大勢、大能的神力，以吸引更多的信徒來崇拜、敬仰他們。至於其他的瑞相，即可以此類推。

從原則上說，瑞相並不是壞事，它能夠鼓勵眾人去惡向善，但並不表示有瑞相就是得到解脫；解脫乃在心相，不在物相；物相尚在有相、有為、有漏的層次，直須到心中無物、無相才能得解脫。《金剛經》說：「凡所有相，皆是虛妄。」解脫是離相不著相的；心中既無相，心外是否尚有瑞相已不重要了。

但是也不能說，臨命終時讓人見到瑞相，即表示其未得解脫。比如釋迦世尊最後入涅槃時，即有種種瑞相。歷代的高僧大德圓寂時，通常也有瑞相。這多半不是他們本人的表現，而是護法龍天表示歡喜，表示哀傷；歡喜有人得大解脫，哀傷解脫之人已經遠行。既然瑞相多半出自於諸神的神力顯現，與命終之人雖有關係，但並不重要。而且雖對於他人有生信和鼓勵的作用，但也不能就此肯定即是解脫的表徵。

相反地，臨終現惡相，不一定證明是未得解脫。例如目犍連、優陀夷、蓮華色等大阿羅漢，臨命終時是被人打死，或棄於糞坑，這是他們往昔的業報所致，與此生的解脫無關。

如何辨明臨命終時的魔境和接引？

若以《金剛經》說：「凡所有相，皆是虛妄。」因為實相無相，故有相的淨土都屬於界內，不屬界外，那就是人間的淨土或天國淨土，而不是三界之外的佛國報土。

所以，古來即有大德以為西方彌陀淨土，是屬於方便土，或者是凡聖同居土，不是佛的實報土。但是唐朝的善導大師，主張以阿彌陀佛的本誓願力所成的西方極樂世界是實報莊嚴土，凡夫若無法從有相的修行，實證無相而進入實報土，也可因阿彌陀佛的願力帶業進入佛的實報土；只是若尚未證入實相而直生阿彌陀佛的實報土，他將無法親見彌陀的報身，只見化身，亦即在無相的報土，不妨有相的化身。

以佛菩薩接引往生而言，絕對是有相的，既是有相，則屬虛妄，既是虛妄，為什麼願求往生呢？因為如不往生淨土，在穢土中難保不造惡業；穢土的環境惡劣，惡多善少，好像孟母三遷，是為孩子得到向上的教育環境，求生淨土的道理，也是一樣。

如何知道是魔境的干擾或是佛菩薩的接引？不在於臨命終時的觀察和認知，而在於平時的願心和修行。平時一心專念阿彌陀佛，願生西方極樂世界，並且以修善、積福、持戒、修定和聞法等的熏習，成長善根力量，到臨命終時，自然感得阿彌陀佛和觀音、勢至等的化身來臨。相反地，如果，錯將極樂世界認為是藏汙納垢之所，把阿彌陀佛當作是包庇護短之鬼神，以貪心求生西方，以瞋心厭離娑婆，以愚癡心迷戀現生的妻子、兒女、父母等眷屬及財產、事業、名位等的身外之物，如此之人，臨命終時雖然願求往生彌陀佛國，但他們的本意和彌陀的本願相違，就很可能是魔鬼來臨而現佛菩薩的形相。此時唯一能夠補救的辦法，是請有緣的大善知識予以臨命終時的開導，以期徹底放下萬緣，一心嚮往清淨的佛國，便可轉魔境為淨相了。

什麼是中陰身？

中陰又叫中蘊、中有，就是五陰和五蘊的意思。所謂陰和蘊，是指色、受、想、行、識五種，乃三界眾生生命的組合元素。陰是唐以前的舊譯，蘊是唐以後的新譯。三界眾生稱為二十五有，所謂有，就是有五蘊；不出三界是被五蘊所困，解脫生死即是出離五蘊的三界。

中國民間說：「跳出三界外，不在五行中。」把佛教的五蘊改為中國思想的金、木、水、火、土五行。其實，五行的相生相剋僅屬於物質世界。佛教的五蘊之色蘊就涵蓋了全部的五行，其餘的四蘊則屬於精神世界。精神與物質的結合，就成為三界眾生的活動現象。

根據《俱舍論》第十卷，中陰身有五個名字，分別是：意生身、求生、食香、中有、起，這是依據其性質分的。如：依意求生得化身，因而稱「意生身」；又因其經常喜好尋察當生之處，而名「求生」；依各種喜愛的氣味來維持和營養他們的身體，故名「食香」；因為是處於從此生的敗壞到另一生出現之間的過渡期，所以叫「中有」；他能夠產生生命過程中的另一個身體，而他本身卻是不藉父母等緣，乃自然而生，因此又稱為「起」。

有福報的中陰身是以好的香氣為滋生的食物，無福的中陰身是以惡臭的氣味為滋生的食物。凡是中陰身都有神通，能夠見到肉眼所不能見到的事物。中陰身的階段究竟能維持多少時間？有不同的說法：有說一直到另一期生命的開始為止，不論多久都叫中陰身；有說中陰身的生命只有七天，他可以死了又生，生了又死，一次又一次地受生為中陰身。但是古來佛教所相信的，是根據《大毘婆沙論》所說的，人死之後七七日間為中陰，因此而有在人死之後七七日內設齋供養、做布施功德、祈禱冥福、超度亡靈等的佛事，相沿成為一般的佛教信仰。

其實，人死之後，在另一期生命的出生之前，叫作中陰。三界、六道所有眾生，死此生彼，都經過中陰的階段；但無色界眾生是定境，沒有色蘊，所以沒有中陰。以《大寶積經》第五十六卷〈入胎藏會〉所說，由地獄眾生而轉的中陰，容貌醜陋，如燒焦的枯木；由傍生而轉的中陰，其色如煙；由餓鬼所轉的中陰，其色如水；欲界的人及天所轉的中陰，帶有金色；色界眾生所轉的中陰，形色鮮白。因此，中陰身的形狀有兩手、兩腳、四腳、多腳，或者沒有腳，都是隨著他們生前的形相，而顯出同類的身相。又根據《俱舍論》第九卷說，欲界中人的中陰，身量像五、六歲的兒童。欲界的菩薩之中陰則如壯年人的身量且相貌傑出，當其入胎投生時，必有光明照耀。而色界天人的中陰，則形量圓滿和他生前相同。

根據《大乘義章》第八卷說，欲、色二界眾生一般皆有中陰身，唯上善及重惡眾生，死後立即往生淨土，轉生善類，或直墮地獄及餓鬼趣，所以沒有中陰。以重惡眾生的業感而言，唯造五逆罪者沒有中陰。

又根據《釋淨土群疑論》卷二，也有兩種見解：一說往生淨土，不經中陰，因為命終之時，即生於蓮花中，所以不應有中陰；另一說則是，往生淨土之人，從此穢土而生彼淨土，是死此而生彼，在這中間當有中陰，不過雖經十萬億佛土，僅如彈指頃，沿途以諸佛國土的香飯之氣滋養其中陰身。這些說法雖不盡相同，但都表示了中陰身的存在。

從以上的經論資料所見，凡是眾生，若在欲界與色界，除了大善大惡能於死後直升直墮之外，都會經過中陰身的階段。他不屬於任何一道，當他所待投生的因緣成熟，就會以入胎和化生的方式確定投生的類別。

在未投生之前，可有轉變其投生類別的方法。例如得聞佛法，或親屬為其祈福供養，做種種佛事，便能影響這一中陰身的前途上升；如果由於積怨難消，再加上親友和仇敵的干擾，也會使得中陰身改變方向而墮於惡道。所以西藏密宗特別重視中陰身救度法；即在顯教，也主張臨終的助念和七七的超度。以佛法來救濟中陰，是召請中陰身來聽聞佛法，化解心結，減輕煩惱，也以佛法的力量使得有緣的鬼神歡喜，以此為其結善緣的功德達到超度的效果。

至於上善與極惡之人其所以沒有中陰身的原因，是在於他們沒有等待因緣的必要。就好像有人在大學還沒畢業時，已經辦好出國留學的手續，或已被公司、行號、機關預聘，畢業之後，不需要等待工作機會，或到處找工作，這也許是他們的家庭背景或學業成績優於一般學生所致。相反地，如果出生便為豬、牛、羊等的家畜，表示出生以後，已經決定了他們被人宰殺，作為食物的命運。因此，如果積極修行、努力為善、信心深厚、願力堅固，就沒有墮落三塗的恐懼。只要以信願和修行的力量自利利人，上求下化，便會依信心往生淨土，依願心修菩薩道，不論生於佛國，或生於娑婆，都是直來直往，毫無徬徨、等待的現象，所以，對信願具足的佛教徒而言，並沒有中陰身的過程，也不必要他人以中陰身救度法來超度。

嬰靈作祟之說有根據嗎？

近幾年來，臺灣，乃至其他華人地區，流行著一種嬰靈信仰的傳說。所謂嬰靈，包括人工流產、胎死腹中，或出生不久即夭折的嬰兒靈魂。據說，如果不予超度，他們便會以種種方式或現象，來危害其親屬以及跟他們有冤的人，以致造成家庭的不安、社會的恐懼等。這些都是由於節育，以及婚前懷孕或非婚懷孕等的風氣，所帶來的精神負擔。

因而有某些人士，於報刊連續登出「嬰靈供養」的大幅廣告，宣稱能夠為人超度嬰靈，解救嬰靈造成的困擾問題，並引《長壽經》為證。又有人傳出，能以符咒將嬰靈練成嬰兵，以嬰兵來探聽他人的隱私，傳遞消息。甚至能夠驅使嬰兵殺人於千里之外，而不留下一絲痕跡。類似的傳說，當然不是佛教的主張，也不是任何一個歷史時代和特定的地區，所流傳過的信仰。

自從嬰靈之說流傳以來，除了人工流產過的父母與家庭受到困擾外，一般人遇到一些物質和精神上的意外現象，也會疑神疑鬼，認為是嬰靈作祟。好像我們生活的空間，到處都有嬰靈正等待機會，對人下手似的。其實以佛法的觀點而言，眾生是平等的，人的生命雖然有長有短，死亡之後卻都相同，成人死後是中陰身，嬰兒死後也是中陰身。經過四十九天之後，他們已經轉生，或生人、天，或為鬼神，或為地獄和傍生中的眾生，不會老是以嬰兒的靈體在人間作祟的。

的確也有一些人杯弓蛇影，認為發現了嬰靈附身，糾纏不休，冤魂不散的現象。但這多半是出於心理的因素，即使真有外在的靈力干擾，也不能說就是來自嬰靈。總之，不論是否受到鬼神靈力的干擾，都不能肯定說是出於嬰靈的作祟。

人們對於嬰靈之說的恐慌，可能是從幼兒心態的觀點來看。如有些幼兒不可理喻，嬰兒更是無知，他們吵鬧不休的時候，父母只有哄他們。尤其遇到難帶的嬰兒，終日哭鬧，整夜不眠，不是為了肚子餓，也不是為了不舒服，就是要人陪著他、注意他和照顧他。因此，一旦認為是受到嬰靈的困擾時，也就束手無策；並認為，即使為他們誦經、替他們說法，他們也聽不懂，所以不受感化。

針對此，一些投機取巧之徒，鼓吹他們能夠以某種法術和超度的力量，來解決嬰靈作祟的問題。但是根據佛經所說，眾生從此生死後，到彼生出生之前的中陰身，都跟生前的型態相同而較小；嬰兒既無知，嬰兒的中陰身，亦不可能尋仇報冤。即使過了中陰身階段而入鬼趣，鬼道眾生也都具備神通；此因無粗重的身體和五根的束縛，便極易接受感應和感化。所以，千萬不要把死後的嬰兒，當作凶神惡鬼般看待。

依據佛教常識的說法，不論嬰兒或成人，年幼或年老，凡死亡者，親屬立即為其設供超度，即以供養三寶功德，為亡者祈得冥福，便能超生善道，乃至往生佛國。所謂專為胎兒及嬰兒的亡靈，特設一種超度法門之說，並無往例可循。

至於前舉的《長壽經》（現收於《卍續藏經》的「方等部類」），記載著佛陀為一個名叫「顛倒」的婦女所說。此女曾因家庭問題，殺死了已懷孕滿八個月的胎兒。佛陀告誡她說，殺胎的罪行，與殺父、殺母、出佛身血、破和合僧，五事並列，稱為五種逆罪。滅罪之法，便是受持此《長壽經》，書寫讀誦，或自書，或遣人書，便能不受罪報，而生於梵天，此經中也未見有超度嬰靈之說。此經強調護胎，將「殺胎」列為五逆重罪之一，與一般佛經視殺父、殺母、殺阿羅漢、出佛身血、破和合僧的五事為五逆罪不相同，故在我國並不流行。

另外，有人傳稱，日本有嬰靈祈求地藏菩薩救度之說，也與地藏信仰的史實不符。根據日本民間對地藏菩薩的信仰看來，自十一世紀開始，才有了為除病延命而造地藏像的記載。其後，民間並漸漸將地藏菩薩演變為嬰兒的守護神，而有了「守子」、「安子」、「育子」、「持子」的地藏信仰，其作用在於祈求保護胎兒的安全出生，而至於嬰兒的平安成長，亦與所謂的嬰靈作祟無關。

如今少數人鼓吹嬰靈作祟及超度嬰靈之風，不論是出於善意的信仰，或是出於斂財的動機，從以上看來均與正統的佛教信仰無涉，則已非常明顯。

佛教對靈媒的看法如何？

所謂靈媒，在古代，男的稱為覡（wizard），女的稱為巫（witch）。宗教學上稱禁厭師（sorcerer）、醫巫（medicine man）、術士（magician）。西伯利亞和北亞洲以及阿拉斯加等地，則稱為薩滿（shaman）。是指一些能夠通神、通靈、通鬼的人。他們能夠差遣某些鬼神來驅除另一些鬼神；或者是請示某一些鬼神來協助求助的人們，指導人們如何克服現實生活中的種種困難，以及滿足人們現實生活中的種種欲望。所以，他們和人類的心理、生理上的弱點有著與生俱來的供需關係，自有人類以來，就有他們活動的蹤跡。

高級的靈媒被稱為祭師、先知、天使或聖者，而成為一般宗教徒信仰的中心。一般的靈媒，沒有公是公非，故在基督教教勢擴張之後的歐洲，便對異教的巫、覡趕盡殺絕。在中國，巫覡往往也成為妖言惑眾的禍源，所以，孔子主張不語怪力亂神。為何稱靈媒為「怪力亂神」？因為他們的靈力來得沒有理由，那些神鬼世界也沒有一定的秩序和道德準繩；通常是會教人為善，但一旦和這些巫覡本身的權益衝突、矛盾時，就會散布謠言、顛倒是非、惑亂人心。故自古以來，中國民間宗教的靈媒信仰，雖然起起滅滅，但都未能登入大雅之堂。

從佛教立場看，修善積福是以持戒、布施而得人天福報。以因果的觀點來說，教化大眾、種善因、得善報；種惡因、受苦報。如果遭受到災難、貧病等事情，最好的方法是懺悔、積德、存善心、說好話、做好事，所謂吉人自有天相，這是由於自修善法而得到護法神的惠助，以及諸佛菩薩的庇佑，不需要通過靈媒的關係來以善鬼趕惡鬼、以正神驅邪神。

靈媒確實有其作用，而這種作用的幫助，不過是挖肉補瘡式的臨時救濟，無法真的解決問題。其後必須繼續地挖肉、補瘡，傷口永遠在起滅交替著。求助於靈媒，粗看問題彷彿已經解決了，實質上是問題在連鎖著，愈陷愈深；類似吸食鴉片、注射嗎啡，愈醉愈沉。但是一般民眾很難有此自覺。就像海裡的章魚，找不到食物時，可用牠自己的軟足充飢，那是沒有辦法的辦法，但是長此以往，就只有死路一條。因其違背了因果原則，也違背了自然律的秩序。

雖然，通過靈媒的幫助，有時也真的能夠得到一時的意外之福；但是，那只是一種假相的告貸，是一種幻覺的滿足而已。所以，學佛的人，不許說神弄鬼地自作靈媒，也不得親近靈媒，應該依據佛法的指導，自求多福，努力開創明日的前途。

靈媒的力量既然來自鬼神的靈力，而且因為鬼神來去無蹤、飄忽不定，所以任何一個靈媒，都可輪番接受到許多不同的靈體附身。一旦靈體離身，做靈媒的人，可能變成比常人還要軟弱無能的人。如果經常為人趕鬼、治病、禳災、祛厄，當靈體離身之後，靈媒自己本身就會遭受到惡報的懲罰。因此，凡是靈媒，經常都會恐懼靈體離身而失去靈力。故需常設法請鬼、迎鬼、供鬼、養鬼，保持與鬼靈接觸，以達役使鬼神且保護靈媒本身的目的。

佛教對神通、異能看法如何？

佛教承認有神通的事實，凡夫可得五通，出世的聖人有六通，佛有三明六通。

所謂五通：1.能知過去世叫宿命通；2.能知未來世及現在的遠處和細微處叫天眼通；3.能知他人的心念活動，叫作他心通；4.能用耳朵聽無遠弗屆的聲音叫天耳通；5.能飛行自在，有無變化，來無蹤、去無影，瞬息千里，取物如探囊等，這叫作神足通。此由於功力的深淺，使得所達範圍的大小和保持時間的長短有所不同，是屬於有為、有漏、有執著的，跟解脫道無關。當然，也不是菩薩道，所以聖人必須另得漏盡通。

所謂漏盡，即去我執而證涅槃，小乘就是阿羅漢，大乘是初地乃至七地以上的菩薩。唯有佛得三明，即六通之中的天眼、宿命、漏盡的三通稱為明，那是因為唯有佛的神通力，是徹底、究竟、圓滿、無礙，是度眾生的方便，不是異能異術的表現。一般外道得到了一些神鬼的感應，能差遣鬼神或被鬼神所差遣，就以為得到了三明六通，是非常幼稚和危險的事。

神通有一定的修法，有的是以習定而發通，有的是以持咒而發通。修定得通，首先是注意力集中，心力增強，用心念把自己身體的官能接通宇宙的磁力和電波，再對於波長的選擇性和接收力的訓練、溝通到達某一種程度，自然產生神通的功用。這都是在物質範圍之內，沒有物質的條件，神通無法表現，也無從訓練。故以基礎的道理而言，唯物論者也能練成神通。

關於用咒力達成神通的目的，則是以特定的某一種或幾種咒語來感通鬼神或差遣鬼神，被鬼神所役使或役使鬼神。咒的力量，我們在另一篇中已介紹，是代表特定鬼神的符號和威力，所以，有感應特定鬼神的作用。

這兩種比較，前者如定力退失，則通力也退失；後者如鬼神遠離或犯了禁忌，通力也會退失。鬼神的力量，可以用兩種方式來表現：一是載附於人的神經官能而出現；一種是從耳根的耳語得到消息。附載式的神通和傳話式的神通，實際屬於感應的範圍，還沒有到達神通的程度；可是附載式的感應，很容易被以為是他們自己修成的神通，因為不自覺有鬼神附體的感受。

因為神通不能違背因果，不能改變既成的事實，只能夠預先得到消息或從遠距離得到消息，而做暫時的迴避和阻擋。神通也是自然現象之一，它不能跟自然的軌律相違背。所以，好顯神通的人，除了顯異惑眾之外，對於亂世的大局無補，對於混亂的社會無益，對於徬徨的人心無助，反而沉迷於神通現象愈深的人，脫離正常的生活愈遠。

因此，佛世時代，佛不許弟子濫用神通，阿羅漢的弟子們，也並不是都有神通。相反地，若用神通，雖能感化眾生於一時，不能攝化眾生於長久。而且，善用神通如比丘之中的大目犍連，比丘尼之中的蓮華色，分別為羅漢、羅漢尼的神通第一，結果，大目犍連死於鹿杖外道的亂棒，蓮華色死於提婆達多的鐵拳。故歷代祖師從印度到中國，使用神通來傳播佛教的不多，甚至可以說很少，這些人，如果在使用神通之後，大概會離開當地，或者捨報往生他界。如果常顯神通而不收斂，必然遭致殺身之禍、枉死之災和凶死之難，捨壽於非時；這都是由於違背因果，抗拒自然的結果。

如眾人所知，西藏地處高原，崇山峻嶺之中，潛修密行，苦修禪定，精練神通之士不少，其中有人能夠呼風喚雨、撒豆成兵，以飛劍殺人於千里之外；可是西藏的佛教史上，也有過幾次的法難，也就是佛法遭受惡王的摧毀和消滅之時，神通即失效。

又據說臺灣本島，現在也有不少已得所謂三明六通的異能之士，可是臺灣本島，幾乎年年都有颱風、地震、水患，以及擾亂大眾安寧的黑社會流氓、地痞、強盜、土匪，那些具有神通的人士為何變成了無能無力而不問不聞？

可見得業力不可思議，共業和別業，該受的仍然要受，迷信鬼神的神通救濟，只有增加更多的困擾，損失更多的財產，消耗更多的時間和精力；所以怪力亂神是孔子所不語，識者所不取。在今天社會文明、知識普遍的時代，凡事應以正信的佛法，從事於智慧的開發和努力，不應迷信所謂神通的奇蹟，因為，那實際上不過是鬼神現象的幻術罷了。（請參閱拙著《學佛知津》的〈神通的境界與功用〉）

什麼是五眼？

我們從某些佛教圖像中，可以看到臉部有出現三隻眼的情況；也就是在兩眼之間的眉心處，另開一眼。事實上，人類不可能有三隻肉眼，所謂的第三眼，只是象徵；也就是在一對肉眼之外，另有心眼。心眼的意義有深有淺，淺的指普通人的思想活動，深的就要講到五眼了。五眼是除了肉眼之外尚有層次不等的四種心眼。

所謂五眼，是指從凡夫至佛位，對於事物現象終始本末的考察功能。有人稱眼睛為「智慧之門」、「靈魂之窗」，眼睛能夠明辨物象、增長知識。修行的層次愈高，心眼作用的範圍愈廣。凡夫經由父母所生的肉眼，能見的距離、範圍相當有限，太小、太大、太遠、太近，均非肉眼所能見，或太過黑暗或強烈的光度，也非肉眼所能適應。如果能得天眼，便能於物質世界中自在地觀察，而不受距離、體積、光度的限制。

不過天也有層次：有地居天、空居天和禪定天。地居天就是一般民間所信的福德鬼神以及四天王天和忉利天的天神；空居天是指焰摩天至他化自在的欲界天神；禪定天則指色界和無色界的二十二層次。層次愈高，天眼的功能愈多愈大。所謂天眼的功能，是能見肉眼所不能見的事物，除了不受大小、距離、明暗的限制外，也不受遮隔隱藏或通透顯露的限制，它不需通過光影的反映，而是精神力的反射或折射作用。

天眼有修得和報得的不同。一般的鬼神都有深淺程度不等的天眼，稱為報得。因為沒有肉體束縛的鬼神，只有靈力活動，減少了物體障礙。一般的靈媒，也就是為鬼神所寄託、依附的人，就是藉鬼神報得的天眼，而能見人所不能見的事物。對人類而言，修禪定或可得天眼；但禪定的目的卻不在於修得天眼，雖另有專修神通的方法，但若修得了天眼，也未必表示已入禪定。

天眼的功能除了如上所說的以外，尚有能見未來將要發生的事件現象。那是由於任何現象的發生，已經有它一定的因果關係，由於造下一定的業力，便會造成一定的果報，往往現象尚未發生，而發生那種現象的力量早已形成，如果沒有其他因素的加入，那就成了必將發生的事實。所以，具有天眼的人，能夠預知未來。天眼的能力愈強，能見的未來愈久遠，精確度也愈高。

所謂精確度，就是說明天眼並不可靠，只要一加入其他的因素，未來的事態未必就會產生他的預期結果。這好比兩位圍棋的棋士對奕，段數愈高，所見棋目愈多；段數愈低，所見愈少。但還沒有任何兩位棋力相當的棋士可以一上棋盤就已經知道勝負的結果。因為世事變數太多，定數只是局部和短時間的現象，萬法因緣所生，緣變則變。所以佛法不執著天眼，也不鼓勵人為了使用天眼而修成天眼。

所謂五眼，除了肉眼、天眼外，尚有慧眼、法眼和佛眼。慧眼是羅漢所證，見十二因緣、生死流轉的徵象，所以能出生死輪迴，不受身心世界的束縛，離五蘊、出三界。這和世間一般人所說「慧眼識英雄」、「慧眼獨具」的功能，顯然不同，世人所說的慧眼，是世間智慧，尚存有「我」的觀念，不過比較深徹、明銳、敏捷；而羅漢所具的慧眼是無我、無執的。

法眼為初地以上的菩薩所具，能見萬法的本性——法性，親證諸佛法身之一分，乃至多分，絕不是如一般人所說的具有法術之士就是具有法眼；略解佛法者也稱具有法眼。其實法眼和證法身有關，若是僅僅見性，尚不能稱為具足法眼，而只能夠確信法眼的存在和法眼的功能。

法身遍一切處、遍一切時，它非色、非無色，非有相、非無相，非非有相、非非無相；說是，一切都是，也可說，一切都不是。有執著者，一切都不是；無執著者，一切都是。具足法眼的菩薩，稱為法身大士，非凡夫所能想像。

無我有兩種，分人無我和法無我。證人無我、離人我執，就是羅漢；證法無我、離法我執，就是初地以上的菩薩。羅漢離人我執、得慧眼、出三界；菩薩更進一步，離法我執、證法身、得法眼、雖住三界，卻不為生死所困，稱為法身大士。有些附佛法的外道，動不動就說已得慧眼或法眼，其實他們連天眼都不是，而僅是氣脈運動的反射作用，或是得自鬼神的靈力而已。

至於佛眼，具足前面四種眼的所有功能，它是智慧的全體，也就是大圓鏡智的本身，又稱為大圓覺，也稱為無上菩提。

佛教的授記觀念是什麼？

授記（vyākaraṇa）是佛教的專有名詞，是十二部經的一種，它的意思是預告，是佛對於已發心的眾生，預告其必將成佛者。本來在帝王制的時代，國王所生的第一個兒子，多半會被預定為王位的繼承者，在宣告其繼承的法定地位之時，也稱為授記；而且，在印度需要取四大海水灌其頂，以昭告天下，因此稱為灌頂王子，這是意味著將來他能統治四海之內全部國土與人民。

在佛經中的授記是指佛陀為弟子們預告，親證菩提的時間，比如說《法華經》就有一品稱為〈授記品〉，為五百羅漢授記成佛，甚至為惡名昭彰的提婆達多授成佛的記莂。佛法的授記思想，在於證明人人都能成佛，不論何人，如能修行佛道，便可依據各人的根性和修行的法門以及勤惰的態度而判定成佛的遲早。

誰夠資格接受佛的授記？必定是指位階不退的菩薩，因此，《法華經》中的羅漢，其實是大乘菩薩。不過授記不限於大乘，若修小乘法而證初果以上的聖者，也授必定證得阿羅漢果的記莂；就像所謂初果將七返生死而證阿羅漢果，到三果就住不還天，直證阿羅漢果，不再到人間來。

佛能見一切眾生心行和修行的歷程，並瞭若指掌。等修行者已經位階不退，他的前程已經很明白，給予授記，不是預言，也不是猜測，更不是命定，只是像一位導遊為旅行者從地圖上指出到達目的地的路線、距離以及時限遲早而已。通常學校的老師，對於正常的學生於入學之後，已經可以告訴他們在幾年之後，必將畢業，這其中沒有神祕色彩。

在中國的禪宗，早期並沒有授記的行為和儀式，到了晚近的叢林寺院，為了選拔和預定主持寺院的後繼人選，在遴選之後，也會舉行授記儀式。因為古代的傳法授記，傳的是心法，以心印心；心心相印，不需要儀式，更不需要文件的證明，接法的人，也不一定會接掌主持寺院的職位。而晚近以來，中國的禪林，授記時，有法卷的頒發，也未必是選拔已有證悟經驗的人，授記之後，目的在於傳承主持寺院的職位。所以，多半只有授記之名，而無授記之實，已經失去了傳法的本意，此不在本文討論之內。

有若干具有神祕經驗的修行者，往往好為他人做授記式的預告，如果僅僅預言日常生活中必將發生的事，那是一般的靈媒、乩童都可以做到的神鬼活計，不足為訓。如果為他們的信從者授阿羅漢記或成佛記，那是打的大妄語，他自己非佛，何能為人授成佛記、成阿羅漢記？如果他們自稱已經是佛，但在佛經中，沒有見到釋迦世尊預告，某人在彌勒菩薩成佛之前的某時代成佛為人授記。釋迦世尊既然沒有為他授記，何以他能夠為人授記？時下有許多人自稱為佛或大菩薩的再來，他們也能表現出慈悲和救濟眾生的態度，在他們的內心深處，卻為大我慢所盤踞，其實是否定了釋迦世尊的教法，並非正信和正統的佛教；正信的三寶弟子，應當有所鑑別。

真正的大修行者，必定以凡夫的身分自許，否則，很可能成為鬼神及魔道的伴侶。釋迦世尊強調在人間活動並具有人間身的佛，是人性本位的佛，是人格健全的佛，所以太虛大師提倡「人成即佛成」。

佛是萬能的嗎？

我們可以用一句話來說明佛的智慧和福德的深淺大小，那就是「無知即全知，無能即全能」。無知並不等於愚癡，無能並不等於無力。有和無是一體的兩面，有存於無，無涵容有；唯「無」能涵蓋全體，「有」則不論是多麼深廣、遠大，都是有限的，不能涵蓋一切。

佛陀是福智圓滿的人，既是圓滿，便不能以形相來形容，也不能以有無來判斷。從他本身說，他就是全體，以全體的法界為身，故稱為法身。法界遍一切處、一切時，法身藏於法界的任何一個時空，已無自我中心的存在，而是以一切眾生善根福德的感應，隨處、隨時，以各種不同的形相、方式現前，那就成為化身。既然是化身，就是局部的，受時空限制的，不能代表全體；既不是全知，也不是全能，只有具備善根福德因緣的眾生能夠接觸並感受到他的存在。

但這不是佛的本來面目，而是眾生自己感應而得的結果。所以《法華經》說：「諸佛以一大事因緣故出現於世。」也就是說，以此全娑婆世界的眾生共同所有的善根，而感應到釋迦世尊的降世。

因此，《法華經》說：釋迦是迹佛。所謂迹佛就是化身，本佛就是法身和報身；釋迦世尊既有生老病死和修道、成佛、入滅等等的現象，當然不是真佛。真佛無形、無相，而即一切形相。他跟泛神論的「神」，相近而不相同：泛神論的神是瀰漫於一切時空，能夠被人愛，而不能愛人；法身的佛，瀰漫於一切時空，即一切時空而不屬於任何一時空所限，具足一切智慧和福德的力量，能夠接受一切眾生的需求，做恰如其分的因應，而又如如不動，未有任何造作。所以，從法身及報身來講，他就是全知、全能而即無知、無能，從化身來講則不是。

佛的全知、全能並不是等於神教所說的「萬能上帝」、「萬王之王」，因為對眾生而言，佛不能改變眾生的業力，只能夠教化眾生自己努力來改變他們的命運，但也需要看眾生本身的條件。這在佛經中也有比喻，佛的慈悲如日光普照大地，不論眾生的根機大小，他是普遍地照耀，眾生所得的利益則千差萬別。與生俱來的瞎子雖然得到陽光照射，但未見過陽光是什麼。終生生於地下的昆蟲和陰暗處的微生物，雖然也能直接或間接受到陽光的利益，但牠們也不能體會陽光為何物。又如釋迦世尊在世的時候，在其遊行的化區，尚有好多人不知佛為何許人也。三世諸佛在因地行菩薩道之時，都發願度脫一切眾生；但諸佛已經成佛，還有無量的眾生未聞佛法，所以佛不是全能。

當佛住世期間，也說過不能度無緣的人，不能轉眾生的定業。所以，在佛陀的祖國遭到鄰國琉璃王滅族的大屠殺時，也無法用神通加以救濟。但是佛能夠以佛法開導眾生，使眾生自己來修善、積福、消災、免難，因此，佛度眾生，實際上還是眾生自度，否則就違背自然的律則和因果的秩序。

以佛的全知來講，他知道十法界一切眾生的三世因果及因緣的關係，因為佛不像眾生有時間的久遠和空間的廣狹，他以任何一個時間、空間的點上，都知道全體的一切，因為他的任何一點，對眾生而言，都即是全體的時間和空間；對佛而言，則非任一時間和空間所屬。眾生通過記憶而知道過去；神通乃憑感應而知道過去和未來；佛以全體的實證而知道一切，但不能在同一時間用語言加以說明。佛所見的空間和時間是全面的、整體的，沒有距離遠近和體積大小的，所以佛說任一眾生的過去和未來，佛都知道；但是雖以無量無數恆河沙劫，也說不能盡，所以，除了少數的例子，在佛經裡頭，並未逐一加以追溯。

佛不多說過去和未來的事，只要掌握著當下的一念，實際上就是涵蓋著從眾生到成佛為止的歷程，以及他活動空間的全部。因此，他以心為理體，掌握理體原則，開發心的智慧，就能達到全知的目的。雖然全知，但不必說是萬能，因為佛的境界叫作不可思、不可議，不可以用心意去思考、不可以用語言去議論。

成佛以後也要受報嗎？

是的，成佛以後也要受報，這從世間的聖人和偉人來看，也都有許多的不如意事可知。比如耶穌被他的門徒出賣，最後釘死於十字架；孔子絕糧於陳、蔡；文天祥受誅；美國的林肯和印度的甘地被刺身亡；中山先生在倫敦蒙難等。因此，在釋迦牟尼佛成佛前後，也有好多魔難，比如六年的雪山修行以及最後的樹下降魔；另外托缽不得食，風寒而背痛，女人誣陷，他的弟子提婆達多落石傷其足；以釋迦族遭受滅亡而頭痛；臨涅槃前因誤食有毒的野菌而腹痛如絞等。佛的弟子更不用說，證得阿羅漢以後，也有受報的記錄，如神通第一的目犍連尊者和蓮華色比丘尼都是被人活活打死。

這從東西方的宗教看，各有其理論和說法，所以聖人受難，正表現其偉大人格和偉大事業的成就之不易；基督教說耶穌是為了人類贖罪，佛教則有不同的理論依據。這可以從兩個方向說：一是法身示現，以作為凡夫的榜樣，表示凡夫也能成佛。佛由人成，所以，人類所有的苦、樂、禍、福，示現為人間身的佛，也同樣有；雖他自己本身沒有苦、樂、禍、福的障礙，為了誘導正在苦、樂、禍、福中的眾生走上修行佛法的大道，所以，方便示現同於一般的人類。

人在人間必定有他的身體，有身體必定會遇到身體的所需和所忌，兩者產生衝突，就會發生魔難。所以，孟子說：「天將降大任於斯人也，必先苦其心志，勞其筋骨。」如果不假辛勞而獲得佛果，不遇魔難而成為佛，那就沒有修行的必要，也顯現不出聖人之偉大。所以，在佛成道之後，雖具足六通，圓證三明，他還是在人間托缽、遊行，他的衣、食、住、行，完全同於人，生活所需也同於人，弟子向佛問訊的時候，也會說到：「眾生難度嗎？」「身體健康嗎？」確少見到佛陀使用神通來解決眾生及自己在現實生活中的問題；只是用智慧，以人間通用的方式，解決人間的問題。

二是從最後身的菩薩或最後身的羅漢來講，他們從此以後，不再受到三界中生死的約束和苦難的左右，因此，必須要把無始以來凡夫位中所造的一切不善業全部清理償還。這也等於佛世的時代，規定俗人，若發心出家，必須在清償了所有一切債務、責任和義務之後；若是犯罪、負債、父母不允、妻子或丈夫不許者，均不得出家。到目前為止，要來我們寺院出家的人，也要求他們首先把所有一切世俗的錢財關係、感情關係，徹底清理之後，才可進入我們的寺院，而成為走上出家身分的第一步。所以，在成佛之前的最後身菩薩，固然要接受往昔的業報，初成佛時，雖然心得自在，不再受到煩惱的困擾和苦樂的影響，但是他在沒有進入稱為無餘涅槃之前的身體，還是在人間活動，還是會受到物質世界的影響，那就是最後果報的承受。

不過心得解脫的佛，身體雖然跟一般的常人一樣地受到痛、癢等種種反應，但是不會因此而生起喜、怒、哀、樂的煩惱，所以，佛的受報和常人的受報迥然不同；受報是對因果負責，解脫是從煩惱得到自在。如果大乘羅漢、菩薩以及諸佛，乘願來到世間救濟眾生，那是化現，不是受報，從凡夫看他們，也有生、死、衰、老、病痛等的現象，他們卻未受到這些現象的困擾。

先度眾生還是先成佛？

根據《地藏菩薩本願經・閻浮眾生業感品》的記載，地藏王菩薩在無量劫以前，曾為一小國國王，與其鄰國的國王為友，當時兩國的人民，多造眾惡而不修善行，二王計議，廣設方便，救濟他們。一王發願早成佛道，然後度脫如是眾生；另一國王發願先度此等罪苦眾生，令得安樂，至於菩提，然後自己成佛。發願早證佛道的國王，就是後來的一切智成就如來，已在距今無量阿僧祇那由他不可說劫之前成佛；另一國王就是後來的地藏王菩薩，以迄於今，尚未成佛。

由這兩個例子，所以有人要問：「究竟是先成佛道好？還是先度眾生好？」此與各人的本願有關，一切智成就如來，在因地做國王時所發誓願，只說早成佛道而度眾生，未說先成佛道後度眾生。也就是說，願他於菩薩道的圓滿之時，即成佛道，成佛之後，還度眾生，他在成佛後的壽命，長達六萬劫，當然被他所度的眾生，不可計量。當地藏菩薩，在因地做國王時，所發誓願是：不願早成佛道，而願先度一切眾生，故迄於今，仍是菩薩身分。未願遵循通常菩薩道之三祇百劫的時限，這是出於他個人的悲願，不是說眾生成佛，都要像地藏菩薩，或者都要像一切智成就如來。

菩薩依願力受生，眾生依業力受生，菩薩為救度眾生而往來於三界，眾生是為接受罪報和福報而流轉於三界。菩薩雖在三界，卻是已得解脫的自在之身，眾生是被生死業報束縛的可憐憫者，聖位的菩薩，既是自由自在，那麼對於先成佛道或先度眾生，已沒有不同了。所以，地藏菩薩的「地獄未空，誓不成佛」，在諸大菩薩之中，悲願第一。至於其他的菩薩成佛，依照通途乃是經過三大阿僧祇劫菩薩道之修行。

所謂菩薩道，即是發願上求佛道，下化眾生，所以不是說不度眾生，就能成佛。《地藏經》所說的一切智成就如來，發願早成佛道，也沒有說不經過三大阿僧祇劫的修行及度眾生的階段。只是比起地藏菩薩尚在無量劫中行菩薩道，一切智成就如來是早成佛道了。據此可知，早成佛道救度眾生與度盡眾生方成佛道，二者皆係出於諸佛菩薩不同的悲願。

佛為什麼要度眾生？

《金剛經》說：「彼非眾生，非不眾生。」又說：「眾生者，如來說非眾生，是名眾生。」又說：「實無有眾生如來度者，若有眾生如來度者，如來則有我、人、眾生、壽者。」所謂度眾生是佛在發成佛大願的時候，所立的誓願，也是在沒有成佛之前，尚有自我中心的時候，所抱持的心願，所以在未成佛前的凡夫或菩薩，是有眾生可度的。

可是，在成佛之後，既沒有了眾生，也沒有佛，否則便是對立。既然有能度與被度的關係，便不圓滿，並沒有親證法身的全體；因為一旦親證法身的全體，那就無內、無外、無彼、無此。例如任何一滴水從海而來又回到海中去，從大海看，所有的水是屬於全體的，只當每一滴水自己看，才看到不同的河流、雨露、霜雪、冰霧。所以《金剛經》又說：「善男子、善女人，發阿耨多羅三藐三菩提心者，當生如是心：我應滅度一切眾生，滅度一切眾生已，而無有一眾生實滅度者。」

未成佛時的發心菩薩，都要度眾生，故有眾生可度。因從菩薩的立場來說，一定有眾生可度，到了初地以上的菩薩，雖已經知道沒有眾生可度，但他還要度眾生；到了八地以上的菩薩，則是自然運作度眾生，自己卻已經不再有度眾生的努力心。因此，到了成佛之後，便已不度眾生，實無眾生可度，而是眾生自度，以其善根、福德、因緣的多少，而能感得佛與菩薩的化現而做救濟；那是眾生心中的佛與菩薩，不是佛與菩薩的本身。

所謂善根是眾生本有的，但是不加以培養，不會增長、顯現，愈是努力精進求法，愈能感應諸佛菩薩的慈悲攝化，所謂自助而人助，唯有眾生有求，才能感得諸佛菩薩的應化。佛教常以如人撞鐘為喻，輕輕地撞就小聲地響，重重地撞就大聲地響；鐘有響的功能，如果無人去撞，它不會自響；所以，眾生如果不自己努力，增長善根，雖然佛的法身遍在，也不會幫到你的忙。

所謂增長善根，就是要發菩提心，也就是說眾生自求成佛，即得佛的教化、感應；當自己成佛之後，就接受一切眾生的感應，而非佛去感應眾生。所以，一切諸佛成佛之後，他是全知、遍知的，因此名為正遍知覺，有求必應——眾生有求，諸佛必應。

佛度眾生不是以知識度眾生，所以佛的全知，並不是說佛需要知道眾生所具備的一切知識，也不需要通過眾生經驗中的邏輯理念等的思想，因為他是整體的，眾生是局部的、個別的，他能給眾生一切，但是不需要學習眾生的東西，而是眾生需要的，他就直接給予。因此，種種根器的眾生，就能得到種種佛法的利益。人間所謂的分析以及歸納，這都是從個體、局部為著眼；佛的心量，既然是全體，所以不能用凡夫的知見去解釋、衡量佛的正遍知覺。

人間所見的佛，比如說釋迦牟尼，從理論上講是化身佛，在人間像人，在天上像天，至地獄中像地獄，在任一類的眾生當中，就像那一類的眾生。他是有形相的、局部的，需要經過學習，才具備人類所有知識，用這些作為度眾生的工具，而使得眾生受益。他同時可以在無量無數的地方，顯現無量無數身，度無量無數眾生，而他本體法身是不動的。因此，我們不可以說，由於化身的佛有生有滅，就說法身的佛有來有去；也不可以說，化身的佛需要具備人類的知識，而法身佛就因此而有限；其實化身的佛，也就具備正遍知覺，因為他不離法身，可是不能夠說，正遍知覺的法身佛，是以凡夫知見，所見化身佛的知能，而稱為正遍知覺。

廣結善緣怎麼講？

「緣」是關係的意思。建立關係稱為結緣，彼此曾有交涉的關係稱為有緣，自利利他的關係稱為善緣，不涉私欲的關係稱為淨緣；造成眾多的善緣與淨緣，稱為廣結善緣。

因此，就有人在信佛、學佛之後，到處跑道場，見人就結緣，變成了疲於奔命、忙於應酬，毫無原則的護法、說法、弘法。如此出錢、出力而無自修的方法，也沒有固定的依止，從表面看，他們的確是結了很多人的善緣；但事實上他們對人、對己、對道場，都沒有做到比較深入有力或有效的幫助。雖然處處都可以看到他們，但不一定處處都需要他們；雖然許多人都可以接觸到他們，卻很少有人能真正從他們那兒得到有力的幫助。

這種結善緣的方式，就好比用一碗飯布施一個人，可以勉強吃飽，用一石米布施一個人，可以維持半年的生活；相反地，如果用一碗飯布施一百個即將餓死的人，結果是沒有一個人能夠活命。但是，若以此碗飯布施一個人，至少還能使這個人多活一天。因此，若以一斗米來布施一萬個即將餓死的人，固然是廣結了善緣，但結果是沒有一人能夠多活一天。所以，廣結善緣應該是有原則，且量力而為的。如果有力量救濟全世界而不虞匱乏，那就應該無限制、無分別地平等布施，無遠弗屆，無微不至；如果僅有微弱的力量，則應該集中起來，選擇急需援救和護持的對象。比如說和自己比較熟悉、親近、關係較深的人，即家人、親人、師長、友人等為優先；否則，自不量力地去廣結善緣，是不切實際的。

若從三寶的立場來說，廣結善緣是指無差別的平等布施。也就是用佛法教化眾生，有教無類，不論程度的高下、財富的有無、權勢的大小、地位的尊卑、智能的深淺，對他們都是有求必應。因此，三寶接受一切供養，絕不挑剔；任何人只要發心供養，不論數量多少，也不論財物品類，都是以慈悲心、歡喜心來接收。此在釋迦世尊的時代，出家弟子便是如此，他們每日托缽乞食，挨家挨戶，貧富不拘，也不拘食物的種類、質量，有什麼就接受什麼，有多少就接受多少，直至滿鉢或適量即止。這就是以平等心廣結善緣，又稱為「一鉢千家飯，廣度有緣人」。布施他人固然是結善緣，接受布施也是結善緣。

由於一般人的財力、物力、體力、智力和時間都很有限，所以如果盲目無原則地廣結善緣，不但效果不彰，還可能會招致無謂的困擾。有的情形是，雖然自己已竭盡全力，甚至已影響到家庭的生計、個人的健康，但所得的回應卻是令人怨憤、遭人猜疑，如此的結果更可能因此而喪失了信心和道心。世尊曾於《遺教經》中告誡弟子：比丘乞化人間，應如蜜蜂從花間採蜜，不得損傷到花朵的顏色與香味。因此，居士們若不自量力地廣結善緣，則三寶雖無意傷你，你卻可能因三寶而受到傷害，求升反墮，豈不愚癡！所以，護持三寶應該有中心、有重點、有原則。應救濟貧病，但也該有輕重、緩急之分，遠近、親疏之別，不能不切實際，一味地講求平等布施。

其實，原則性和重點性的護持、布施，也是廣結善緣的方式之一。例如：成就一人成佛，佛能廣度眾生，你也就間接地與一切眾生結了善緣。所以

《四十二章經》中說：「飯凡人百，不如飯一善人；飯善人千，不如飯持五戒者一人；飯持五戒者萬人，不如飯一須陀洹（初果聖人）。」乃至飯一已至無修無證程度的大解脫人，功德當然更大，以此類推。供養、布施、護持三寶，可分為兩個重點：

（一）對於整個佛教的現在和未來有大影響的人、物及其事業的護持，就是廣結善緣。

（二）對於你所尊敬的佛教人物及其事業，縱然是默默無聞，只要是值得你尊敬而願意護持的，就足以證明此人物已有潛移默化的功能，這也是廣結善緣。

由此二點可知：對於著名的佛教人物及其事業的贊助護持，未必就是錦上添花；對於無名的佛教人物及其事業的供養、布施，也不可以存有雪中送炭的念頭，最重要的是能夠掌握重點及量力而為。

「結緣」和「了緣」的意義何在？

佛教只說結緣和了業，那是指結善緣了惡業，沒有「了緣」的說法。

結緣的意思，是對沒有善緣或善緣不足的人，使他主動或被動地接受世法的幫助和佛法的引導，大家增長善緣，彼此互助，走上學佛修行成佛的路。因此，盡自己之所知所能與所有，跟我們所接觸的人和眾生廣結善緣，是應該的。不過，結緣並不是投資，而是施予，不該想到回收。以一己之力廣結善緣而影響他人也廣結善緣，就是布施。小則能夠造福自己當下所處的社會，增進彼此的幸福；大則可以影響一個國家乃至全世界，成為人間淨土。

至於「了緣」，這是一個似是而非的名詞，是由於因果觀念受到民間信仰的影響而產生的誤解。本來善有善報、惡有惡報是對的，你對我好、我對你好也是對的，結果卻由男女彼此恩愛而衍生為彼此互欠，而既然互欠，就應該再來結為夫婦，互相償還，於是成為所謂的「了緣」。流行於民間的武俠小說、神怪小說以及各種故事傳說，都有三世夫妻、七世夫妻等的說法。既是三世夫妻，那麼做了一世夫妻，應該還有二世；做了二世夫妻，也還有一世；要做完三世之後才能分手。有些民間信仰的鸞壇和乩童，以及無稽的命相和江湖術士，以如下論調告訴人：要了宿世姻緣，一定要和某人配為夫婦，如果不接受這樣的安排，就會發生家庭變故乃至生命危險。有些神棍也就藉此而說了一度緣、數日緣乃至數年緣，使異性受騙失身。

根據佛法，男女之間的關係既然有恩有怨，永無了期，那就不僅是三世七世而是無量世。所以《梵網經》說：「一切男子是我父，一切女人是我母。」也可以說，任何異性都曾經是我的配偶，那是永遠了不完的恩怨。只有恩而沒有怨的夫婦是很少的，何況即使彼此有恩無怨也是情執；既有情執，就難以捨離，豈只是三世夫妻、七世姻緣？應該是無量世的恩愛關係。唯有彼此因緣成熟而業力相當才能結為夫婦，如果把違背社會倫理的男女關係稱為了緣，既為世法所不容，更為佛法所不許，那會使更多人受到不良影響，是造了更多的惡業。佛法說應結善緣而了惡業，凡是易於產生惡業後果的任何因緣，避之唯恐不及，怎麼還敢玉石俱焚、自毀毀人？因為非分的男女關係，都會為對方、為第三者乃至給更多人帶來災難，所以「了緣」的傳說，不知害了多少人。

怨家宜解不宜結，不正當的、非分的、為社會倫理所不許的男女關係，都應視為怨家相逢、惡業現前，切勿聽信「了緣」的說法，應該相信「了業」的觀念。那就是欠人的應該還，對所有逆境鼓起勇氣加以解決，還債愈多負擔愈輕。我們並不認為凡是男女關係都是造惡業，事實上正當的夫婦是人間倫理的基礎。但是，如果鼓吹了緣而影響善良風俗，那就是造惡業，不僅來生不能成為夫婦，更會遭受可怕的惡報。

出家人，不論男女，也會受到異性的挑逗、引誘或試探。出家人都是凡夫，都不是離欲的阿羅漢，所以佛經中說男女之欲最可怕。如果追究我們每個人的過去因緣，都曾是無量眾生的眷屬；若要了緣，就得跟一切眾生繼續不斷地成為夫婦，根本不可能有出家的機會。因此，如果出家人也相信了緣，那就沒有一個人能夠出家了。出家是以信心和願心作為支柱，自己願意出家，就要把男女關係視為惡因緣壞果報，不讓它永無盡期地繼續糾纏；應該拿出智慧之劍，斬斷男女的情執，這才算是真正的了緣吧！

神道設教也是佛教嗎？

不，不是的。但是，很多人由於神佛不分，把民間信仰視為佛教信仰的同類，而且佛教信仰中，也摻雜了民間信仰的現象，以致佛教被誤為是神道設教的亞流。

考察「神道設教」的原意有兩種：一是《易經》所說的，君主順應自然之理以教化人民：「觀天之神道，而四時不忒，聖人以神道設教，而天下服矣。」此如《孟子》所說：「天視自我民視，天聽自我民聽。」在位的君主稱為天子，順應天命而治理國家，都是神道設教之意。二是利用鬼神以統治並教育人民，這是《後漢書》所說：「宜急立高廟，稱臣奉祠，所謂『神道設教』，求助人神者也。」前者的神道，即是代表自然法則的運行；後者的神道，是以特定的鬼神信仰，給予人類的啟示和指導。前者尚是理性的，後者即屬於盲從的迷信了。

中國的宗教，始終是在理性和迷信的交雜之中，繼續發展下來，所以從未產生過像基督教那樣的一神信仰，也沒有出現過理性主義的宗教，如印度傳來的佛教之被全面接受。雖然孔子主張「不語怪力亂神」，中國的民間，乃至於士大夫階級和許多的君主，還是會或多或少地接受鬼神信仰。所以，本文所謂的「神道設教」，是指鬼神以神仙佛祖等名目，通過鸞壇的迎鬼降神、靈媒的鬼神附體所謂仙佛借竅等現象，而形成的民間信仰。但它的信從者，不一定僅是一般的庶民。

神道設教，常被稱為淫祠的原因，是它能夠氾濫成災、惑亂人心，這種現象可能是真有鬼神的降靈，也可能僅是出於靈媒、乩童等巫師、術士的操縱。即使真有鬼神降靈，也會由於各類鬼神的福德、智慧的大小不同，善惡不定，而使同一個鸞壇或同一位靈媒，在不同的時候，接收到不同鬼神的降靈，而得到不同的指示。他們沒有統一的、穩定的所謂常經、常理、常法，所以，不能作為知識理論的標準和社會道德的依據。如果是出於靈媒、術士的操縱，那情況更為嚴重。他們能夠翻雲覆雨、顛倒黑白，也能夠救世濟人、益物利生，信從者愈多，他們的「靈力」愈強。若為野心家所用，即成為亂世的禍種；清平之世，若為治世者所用，也可成為造福人群的力量。因此，自古以來對於神道設教的認識是：「水能載舟，也能覆舟。」神道設教雖能助人，亦能毀人，所以明智之士，都應抱著「敬鬼神而遠之」的態度。鬼神如小人，既不可以得罪，也不可以親近；鬼神出爾反爾、喜怒無常、善惡不定、邪正難辨。信之者雖然有若干的靈驗可觀，卻不是絕對的可靠；如果是出於靈媒、術士的蓄意安排，那就更為可怕。歷史上所謂妖邪亂黨、妖言惑眾者，就是出於如此的神道設教。

靈媒、術士的第一代，多係得之於偶然的降靈；他們的繼承者則需經過訓練，多半是選用兒童和少年，給予特定的技術訓練。從訓練過程中，使他們學會如何接受鬼神附體，在日積月累之後就會形成一種自然的習慣和反應。到時是不是真有鬼神的降靈和鬼神附身，並不重要；重要的是降靈時的儀式、氣氛和心理反應。在一定的儀式、氣氛之下，就有特定的心理反應，所以能夠接受操縱者的暗示，而以為是神的意志。靈媒若係成年人，他想什麼就會出現什麼；若係兒童，他會接受操縱者的暗示和平素訓練的灌輸而有所反應。所以這些現象可能是鬼神的降靈，也可能是精神病的患者，或者出於巫師、術士的安排。

巫者、術士、靈媒可能是讀過一些詩書的，也可能沒有受過教育。但有一個共同的現象，那就是他們的第一代，很少是訓練出來的，而是出於突然的鬼靈附體，即所謂仙佛借竅，為一些無名鬼神，冒替某一民間熟悉的神靈之名，用他們來作為表現靈力的工具。他們也真的能夠知道一些過去的事，並預言未發生的事件；能夠為人治病、勸人行善、教人免難，這就是為什麼一般人會「信巫不信醫」、「信神不信人」的原因所在。但這種靈驗似是而非，可靠率很低，大概是百分之五十，最多百分之六十到七十；可是只要少數人經驗到受用，便會口耳相傳，而造成香火鼎盛、信者蜂擁的現象。

靈驗的可靠率，多半也與求神者的心理有關。求助心切，便可從降靈的儀式和氣氛中得到「靈力」的反應。靈媒、術士，也會在那些無名鬼神的指導下進修，進修愈久，所知有關的宗教、倫理、道德、星相、醫卜等常識也愈多。所以，他們能夠寫詩句、開藥方，也能說出各宗教雜陳的倫理觀及宗教觀，能夠使人信以為那是什麼大神降壇。其實，凡是鬼神都有一些報得的神通和感應的靈力。鬼神不需要經過學習，就能攝取當時現場中人們的觀念、知識、技術和學問，就地取材、隨取隨用。他們並沒有自己的理想，他們所要表現的，只是自大、自尊、我慢等態度。

如果是第二代的靈媒、術士傳承者，也就是前面所說的，從青少年和兒童中選擇而予以訓練。這些人多少要帶點神經質、敏感、多幻想等特性，經過一定技術的訓練、學習，再經過特定觀念的傳授、灌輸之後，就是沒有真的鬼神降靈，他們也能夠出口成章、落筆成文、看病處方、批示命相、預言凶吉等，這類的可靠率就更低了。唯因信仰者已經習慣了依賴這種降靈的所謂神示，也就很難以客觀的態度加以考察和追究。同樣地，類似這些受過專業訓練的靈媒等，在儀式進行時的神智恍惚，多半也無法分辨那些降靈運作的現象，是出於他們自己的意志，還是真的來自所謂仙佛借竅的鬼神靈力。

當然，如果是和他們自身的名、利、物欲、瞋愛等有關的話，他們必然知道是在藉口仙佛借竅，而說他們自己想說的話。正由於這種原因，神道設教雖有其作用，卻不足以信賴。

佛教稱為無神論的意思是什麼？

這是宗教學上的一個專有名詞。世間有兩種無神論，一種是唯物的無神論；一種是佛教所說的無神論。

唯物無神論否定一切精神的獨立存在，也不信有鬼神的世界。而佛教所講無神論，是說諸法由因緣所生，宇宙萬物由眾生的共業所成，承認有精神、有鬼神，只是不以為有一位如一神教所說的全知、全能，主宰創造宇宙的，既是最初也是最後而唯一的神。

神的分類，從宗教學上，可分作多神、二神、一神、泛神以及無神的信仰。多神是一般的民間信仰，沒有組織、沒有體系，是原始民族的宗教型態，也是地域性的宗教型態。例如：中國民間的神，分作地方的、國家的。地方的又分作祖先神和自然神，它的名稱和形象，可以因地、因時而異；國家的神是全國和全民族的元祖或山川日月。

至於二神信仰，是把善、惡分為兩種勢力。最初是兩個敵對民族各自將己方的保護神視為善神，而對方的則為惡神，後來經由各民族的統一之後而形成了二神的信仰，那便是惡神為魔鬼，善神為上帝；不過，既崇拜魔鬼，也崇拜上帝的宗教，在世界上只有波斯的祆教。基督教雖然也相信魔鬼和上帝永遠的存在，但是只拜上帝，不拜魔鬼，有二神教的內容，只取一神教的形式。

所謂一神教是說，萬物由一神所創造、控制、毀滅，神有大能、權威來主宰萬物，正如中國人所稱為的造物者，基督教所說的耶和華。基督教雖然也相信有天使、天子、天女、天神，那是唯一上帝的扈從，也是唯一上帝的創造物，不可能成為上帝的繼承人和與上帝相等地位的另一位大神。

至於泛神，是哲學家所相信的理念之神，它是宇宙的本體，自然的法則，並沒有人格的形象，卻是萬物所出生和所回歸之處；神不能有意志地愛人，人有責任和義務服從和敬愛神。

至於無神，本文剛才已說有二類。一是唯物論的無神，認為宇宙人生的一切現象，都是由物質運行所產生，除物質的活動之外，沒有離物質而存在的靈體。人在出生以前，沒有過去，死亡之後，沒有未來；如果說有，是肉體遺傳的源頭和延續。對個人而言，人死如燈滅，縱然也承認人在世間時所發揮的精神力量，不論是學術的、政治的、藝術的，都能夠影響於後世；但那是物質，而不是精神。人能夠懷念古人，古人卻不知道我們懷念他，因為他們根本已不存在；懷念古人不為慰靈，乃為見賢思齊的自勵勵人。

佛教的無神論主要是基於諸法從因緣所生的現象，說明眾生是由業力感得的果報。每一眾生，各自造業，個別受報，而許多眾生，於往昔生中，曾造無量業；同類的業因，感同類的果報，出生於相同的環境，這就是佛說眾生無盡、世界無窮，是眾生的自作自受。

我們的世界屬於太陽系的範圍之內，是由地球人類及生於此界的其他眾生，往昔的共業所感，並不如一神論者所說是神創造而來。而對於神的認識及神的需求，實際上是因人的需要而有。全知的一神不是真的，但不能說他即等於無神，從信仰者說，他是有的；從被信仰的神而言，他可能是大力的鬼神，大福德的主神，或來自於他方世界的天神。他們不只有一個，因此，一神教的信仰者們，本身就有分裂，對於一神的形象、理解和感受都不一樣，因人而異、因地而異、因時而異；因此一神信仰，其實是多神信仰的升格。

佛教的無神，並不否定多神、二神，乃至於一神的信仰和作用，只是把他們當作眾生的類別，所以《華嚴經》、《地藏經》，乃至於《阿含經》等，都講到鬼神。佛教不是「無鬼神論」者，而是不以為有獨一無二主宰宇宙的創造神。

一神教的上帝是假的嗎？

不，是真的！從宗教的經驗而言，能夠創立一派宗教的教主，一定不會說謊。他見到、接觸到活生生的上帝，這使他無法否認上帝的存在，所以才有堅定乃至狂熱的信心來為他的信仰做宣導，亦即所謂傳道。

那樣的上帝，我們只可以把他解釋為那些宗教家們內在世界的經驗，而未必就有客觀上帝的存在，因為，對於不信的人，上帝就不存在。可是，不信或沒有見過上帝的人，也沒有否定上帝存在的權利，好比沒有登陸過月球的人，沒有權利說太空人從月球上取得的各種資料是子虛烏有一樣。因此，基督教強調「見證」，就是強調宗教信仰的經驗。

可是，依據佛法，宇宙是由眾生的共業所完成的，不是由一個全能人格的上帝所創造，所以，佛教被稱為「無神論」。但是，無神並非否定上帝的存在，而是說上帝沒有創造宇宙的事實，因他也是宇宙間的一分子，是眾生之一，非如基督教所說是宇宙的根本、開始和最後。所以，佛教不否定上帝的存在，只認為不是僅因上帝而有宇宙的。

既然如此，是否意謂上帝說謊了？一神教的信徒們受騙了？不，上帝沒有說謊！因為凡是神都有慢心；福報愈大品位愈高的神，自信心和我慢心也愈高愈大，這在密教稱為「天慢」或「佛慢」。某些心理脆弱的眾生，需要強有力的神的保護和恩賜，給予他們希望與安慰，而神因人的需要，也必須表現出堅毅無限的自我價值。因此，不論神或人都有這種本能或需要，在此情況下，神造宇宙就成了宗教的真理。

如此說來，是否「神創宇宙」的說法，僅是神的宣稱而已？這是另一個問題。他可能知道，也可能不知道。在佛經中有這麼一個故事：大梵天見到釋迦牟尼佛，承認自己沒有創造宇宙，可是，他想眾生依然認為他是宇宙的創造者。在任何一神教的聖典中，從來沒有透露過上帝未造宇宙而自謂造了宇宙的消息。這好像今日工商社會中，有些明智的企業家謙稱，他的公司業績是由全體員工和社會共同促成的，並非靠他個人完成，他只是提供資本、智慧和時間的一個分子而已。公司雖然因他而成立、發展、成長、成功，但他還是表示既然取之於社會，應該用之於社會。這樣的企業家，就像是見到了佛的大梵天，他開了智慧，消了我慢，不以自我為中心，奉獻自己，利益大眾；相反地，有更多的企業家表示，公司是他創辦的，員工是因他而得溫飽的，社會是因他而得到幸福的，這都因為他有個人的智慧，賺取了足夠的資本，經營了恰到好處的事業所致。像這種人，就是一神教的上帝，他們其實並沒有騙人！

上帝有沒有創造宇宙、信徒有沒有受騙，都不是問題。如果未曾創造宇宙而願意承擔宇宙間所有眾生的痛苦，給他們恰如其分、適得其時的救濟，那不就是菩薩嗎？如果信徒真的受了騙，可是他們終究得到安慰和鼓勵，那種受騙還是值得的。如曹操所導演的「望梅止渴」的故事，不是有用嗎？《法華經》中所說的「化城」，就是為了誘導膽小而無自信心的小乘人，而說阿羅漢、辟支佛法，讓他們先求解脫，然後再告訴他們應該成佛。小乘的解脫等於是長途旅行中的旅館，讓他們休息一下，恢復疲勞，第二天再繼續上路，走向前途更遠的佛道。可見佛的小乘法也是說謊，能夠因受騙而學佛，也正是教化的方便。所以，我們不要反對一神教的上帝，騙人或受騙，只要有用都值得！但看你願不願意受騙而已。

密教是什麼？

根據密教的傳說，密教是由大日如來毘盧遮那佛，傳金剛薩埵，住於金剛法界宮，成為第二祖。釋迦世尊入滅後八百年，有龍猛菩薩出世，開南天鐵塔，親從金剛薩埵面受密法，成為第三祖；再傳第四祖為龍智；再過數百年，龍智七百歲，傳第五祖金剛智，那就是中國唐玄宗開元年間，來華的三位密宗高僧的第一位。所以密教不是釋迦世尊所說，而是直接由法身佛所說；因為法身不說法，故稱密教的傳承為密法、根本心法或無上大法。密法由凡夫傳承是不可能的事，因此而稱密宗的傳承者為金剛上師、大成就者。

但從佛教的歷史看，密教的起源是印度的民間信仰，最後發展成密教或密乘，則屬於印度晚期大乘的事。它以佛教大乘思想的理論為基礎和根本，引進了印度教的觀念和修法。

密法可分為雜密、事密、瑜伽密和無上瑜伽密。雜密類似民間信仰，事密已經有組織化，瑜伽密跟禪定相應，無上瑜伽密是跟當時印度教的性力派結合而完成。所謂性力，即是以男女性的交媾，兩性雙身雙修，成為方便和智慧的圓滿集成。以女性代表智慧，以男性代表方便。這種思想和中國道家的房中術（又名御女術）是一樣的，不是根本佛教的修行方法。

佛教以離欲為根本，無上瑜伽密卻要透過淫欲的事實以達解脫的目的。所以，後來西藏的黃教教祖宗喀巴，加以改革，予以廢除，禁止以男女的性交行為作為修行的方法；但其他各派依舊採用，他們為了所謂合理化，必須先練氣、脈、明點，然後才能實施所謂雙修的法門。

密教本身是以當時印度的時代背景和後來的西藏環境而形成的，我們不能說西藏的密教不是佛教，除了無上瑜伽密的這部分，他們的教理和行法，組織嚴密，層次分明，特別是在教理方面，以中觀為根本，以瑜伽為輔佐，這是中國佛教所未見的。他們對於僧侶的訓練和教育，也極其嚴格而有系統化、層次化，所以有堅定的信心和一定的法門。但在蒙藏地區，稱為活佛的，也未必一定有修證及學問。

密教的上師，就是法的傳承者，是直接從金剛薩埵，或者是佛的法身，傳承下來的，不能自稱為上師，必須師師相承、口口相傳，必須修完一定的怛特羅，而有傳承者承認他已得了大成就，才可以成為上師。絕對不是鬼神附體、無師自通，不是僅懂得一些咒語，表現一些靈異，就能夠自稱為上師的。

問題也出於此，密教的源頭，開始便是如此，這使得佛教無法保持門庭的清明，任何人均可能假藉佛菩薩的降示而自稱為上師。不過在西藏，因其已有嚴密的制度，不易濫冒，所以，還是可行。而西藏以外的地區，藏密各派的領袖和組織的力量，已經無法達成鑑別、鑑定和監督的責任，以致密教風行之區，上師紛紛自立。

在西藏最早傳承密宗的是在家人，比如蓮花生大士，是紅教的創始祖，傳說中他是有妻子的，以後紅教的喇嘛、上師也都是在家人，所以上師由在家人擔任，是為西藏的特色。他們皈依四寶，也就是佛、法、僧之上，加上上師；三寶不重要，上師才是信仰的中心，他就是本尊、就是佛，而代表佛的報身，若不通過上師，便無從接受佛法，此雖有密教自己的理論，卻為顯教所不承認。它類似於神教的天使和上帝的代言人身分，與平等的佛法不相應。

上師也有女的，在西藏已是這樣。但現在也有人說，男性的弟子，若想修無上瑜伽密時，最好上師本身是女的，因此，就有稱為上師的女性，藉口傳法而跟男性弟子發生淫亂關係的情形。

上邊已經說過，以男女性行為作為修持的法門，不是佛法，非清淨法，對我們的社會而言，也是一種應該禁止的事。所以，自古道家修房中術，必有房外的護法，必須財力與勢力兼具之人，才能做到；普通的道士，沒有這個力量，否則淫風所至，絕非社會之福。雖然，他們修持者本身，不以此為淫亂，而是達到身心統一、內外統一、男女界限統一的目的，不是為了滿足性的快樂和享受；但在中國，始終沒有將之當作正大光明的一種修持方法。而所謂統一也只是暫時的統一，屬於一種忘卻小我自我中心的情況，並沒有達到斷除煩惱的程度，當然沒有解脫，更沒有成佛。

一般所謂即身成佛，在中國天台宗也講到成佛有六種層次——理即佛、名字即佛、觀行即佛、相似即佛、分證即佛，乃至於究竟即佛。若說一般眾生就是佛，是理即佛；學佛之後，已經知道自己是佛，是名字佛；開始修行，稱為觀行佛。因此，密教的即身成佛之說，也就不足為奇。若一修密法，略有覺受就能成為究竟佛，這在密教自己也不會承認；如果是的話，最多是觀行佛。連宗喀巴、達賴喇嘛也不會承認自己是究竟佛。

對密教而言，氣、脈、明點，極為重要，這是印度瑜伽術的共同要求，修定必須健康、強身，利用打坐或觀想方法，達到氣脈暢通，也是內外道的共同現象。所謂明點，和道家所說的還精補血、還精補腦有類似之處。精力充沛而能氣定神閒、頭腦靈敏、身心舒暢。顯教的禪者，雖不蓄意去修練這些道術，也會有類似的現象發生。

密教的修法，重於身體的所謂即身成佛，和道家的所謂羽化登仙和白日飛升，同樣是以肉體的轉變為修練的目標。可是從佛教的根本觀點而言，色身是五蘊假合而成的幻法，所以稱為無常法，既是無常法，必須解脫；若執著無常法的身體為修行的終點，那仍在生死當中，而不出三界。所以，禪宗稱修練這些法門的人為守屍鬼；縱然傳說中的龍智活到七百歲，正像中國道家傳統中的陳摶活到六百歲，終究難免一死。所以，佛教不否定氣、脈、明點的作用，也不肯定氣、脈、明點的必要。

至於西藏喇嘛和南傳上座部比丘，不拒肉食，甚至必須肉食，這是受他們社會環境和自然環境的影響而成，我們不必苛求。西藏喇嘛當然知道基於佛陀慈悲的教義，不應食眾生肉，但是為了生存和適應環境的原因，因此，製造出了種種似是而非的理由和推卸責任的託詞。例如宣稱吃眾生肉，便結眾生緣，特別是被成就者所吃，即可轉畜生身為佛身和菩薩身，也就是畜生的身體，成為修行者肉體營養的一種轉變。同時又說，以咒願力，咒願被吃的眾生，可使之離苦得樂。但事實上，修行者未必是大成就者，所有的修行者全體肉食而為所有被吃的眾生超度，這實在是極大的問題。當然，以密教的立場，大成就者已經得大解脫，無所謂食肉與不食肉。

肉食者死後火化也有舍利子，此與肉食否無關，也與解脫否無關；凡是修定，或是凝心、攝心而達到修身目的的人，燒了會有舍利子。通常說，要修持戒、定、慧三學的人，才有舍利子；但是舍利子本身是人體分泌物的結晶和凝結，它有若干程度的神聖和神祕，為佛教徒所重視，但未必是佛教徒的大事，解脫生死才是根本大事，因為這還是屬於界內色身的變現，終究不出於無常的範圍。

所以，在佛滅火化之後，大迦葉尊者，號召五百大阿羅漢，共同結集佛的法身舍利——諸部經律，而置佛的在家凡夫弟子們去爭搶佛的肉身舍利之事於不顧。可見肉身而得舍利，自始受到凡夫的重視，而為聖者所忽視。

密教盛行佛教會滅亡嗎？

佛教在印度的確是在密教盛行之後滅亡的，所以，稱密教為印度的晚期大乘佛教。但也不能說密教盛行，佛教必亡；西藏密教流傳，雖有興衰，也延續了下來。

密咒本來是婆羅門教四種《吠陀》之一的《阿闥婆吠陀》的主要內容，後來與性力崇拜的信仰和修法結合，成為印度教的主要實踐方法。並以《奧義書》的哲學理論為上層的建構，最後吸收佛教的中觀派的思想及其思辨方法，而發揮、建立了新的印度教理論基礎。也可以說，他們集婆羅門教和佛教之大成，而形成統一的印度宗教哲學型範；理論採婆羅門教及佛教的最高原則，實踐採用咒術、禪定以及修身、健身等方法。

反觀佛教，在思想方面，到中觀派出現時已經發展到飽和點；實踐方面，到瑜伽唯識學出現時，也發展到飽和點，漸漸又偏重於理論，而偏輕於實際修法層次的指導，加上人才的凋零和教團的沒落，已經無法與印度教的勢力相頡頏。所以，一般大眾紛紛偏向於印度教而脫離佛教，特別經過幾次佛教與印度教的大辯論以後，佛教僧侶更是幾百幾百地皈向印度教。

佛教界的有心之士，為了尋求生路，便吸取印度教的特長，為佛教所用，而形成了中觀派瑜伽行的晚期大乘的特色——就是無上瑜伽密教的完成，它採取了印度教的修法，以佛教的觀點加以說明和疏導，有其實際的效果和長處，是為印度傳到西藏的大乘佛教原型。

由於密教和印度教界限的混同和類似，便註定了佛教在印度可有可無的命運。直到今天的印度教徒，還說：佛教已被印度教接收到融於印度教內，釋迦世尊是他們梵天的第七個化身。佛教的名目，雖在印度滅亡，佛教的部分內容仍活生生地存於印度教之內，有沒有佛教的名目，實無兩樣。可是，印度教是有神論的，佛教是無神論的，雖然彼此混淆，根本教義，仍大不相同，因此，真正的佛教在印度其實已經滅亡了。

佛教在印度的滅亡，並不完全是由於密教的盛行，穆斯林的入侵，也是主要的原因。在西元第十世紀後半期開始，穆斯林從印度的西北攻進印度，所到之處，必將原有的佛寺焚毀，所有的佛教徒趕盡殺絕，僧侶倖存者則紛紛逃亡。到了十一世紀和十二世紀之末，伊斯蘭教在印度成立了王朝，佛教徒不改宗伊斯蘭教，便進入了印度教，因此，佛教便遭到了徹底滅亡的命運。

佛教在印度固然是於密教盛行時代滅亡的，但是信奉密教並不一定就會使佛教滅亡。所以，傳入西藏以後的大乘密教，從西元第八世紀直到現在，還是屹立不動。

不過在中國由於已有儒、道兩流的文化背景，民情風俗有異於西藏，所以，密教雖早在西元第八世紀的唐玄宗時代，有金剛智、善無畏、不空三位大翻譯師，譯出了大量的密教經典，可是密教並未在中國持續地受到歡迎，反而傳到日本成為一宗，並傳承至今。

後來到元朝，蒙古人入主中原，再度把西藏的密教，帶入漢地，那也只是流行於蒙古民族及與蒙古人相關的少數人士之間，並沒有受到漢民族的普遍信奉。至於民初以來，密教也曾一度抬頭；但由於傳授密教的人，良窳不等、龍蛇混雜，而且動不動就以神鬼伎倆自稱為上師的人蟻行蜂起，所以，還是沒有深入中國文化的基層。目前的藏密再度在世界各地流傳，在華人社會也產生相當大的影響，我們宜正視其所長，勿學其所短。

如果，以正統的西藏式的佛教僧侶教育，經過長時間的熏陶、訓練而成的人才來傳播，一如宗喀巴大師的《菩提道次第廣論》、《密宗道次第廣論》以及《現觀莊嚴論金鬘疏》等作為依據而弘揚密法，應該和顯教無異，不會有什麼遭致滅亡後果的原因。如果僅僅以搖鈴、揮杵、吹號、擊鼓、咒術、加持等來求財、趕鬼、長生、消災、免難，和似是而非的即身成佛、雙身雙修等的謬論及符咒術數等的行法，作為推廣密教的號召，並且僅止於此，那就真是佛教的大不幸，假如就是這樣的密教興盛，佛教焉有不亡之理！

佛教對世界末日的看法如何？

世界末日這個名詞，是基督教所高唱出來的，不過，這也是事實。佛教把此世界的生滅，分作成、住、壞、空的四個階段，有的階段又分為成、住、壞三個階段，壞的結果，又歸於空無。空是從無中生有，有的階段可以有生物及生命的活動；成的階段是由稀薄的物質團聚、凝固，漸漸形成地、水、火、風四大類的型態，完成四態的定型之後，才漸漸發展出生命活動的現象。

最初的生命，是由他方世界化生而來，非出於任何人或神的創造；住的階段就是生命活力的舞台，而其本身也漸漸地由成熟而趨於衰老，終至於朽壞。那便是壞的階段，已開始不適於生物的生存。直至徹底地毀壞，就變成了全面物質世界的崩潰，而歸於空的階段。之後，再由於十方世界同類的共業眾生業力所感，而完成了另外新的世界。所以，世界是由眾生業力的消長而有起滅。

如果說佛教也有世界末日，那是指壞的階段的開始，所以，佛教並不否定世界有末日的一天，只是觀念和基督教不同。基督教說世界末日是出於上帝的意志，為了對於信者的救濟和不信者的懲罰，末日來臨之時，就是基督降臨之日，把他所愛的選民帶回天國，他所不喜的人便打入地獄。佛法所說壞的階段的降臨，屬於自然的現象，是此一世界眾生的共業所促成。當在此一世界無法居住之時，依據各自的業力，又往他方不同的世界轉生。

不過，佛教另外有一個名詞稱為末法時代，在末法之前有正法和像法。原則上，釋迦世尊住世的時代，稱為正法；世尊涅槃之後，稱為像法，此時，只有形像作為代表；再過一段時間之後，稱為末法。末法時代，信仰佛教的人數漸漸稀少，修行的人更少，修行而證聖道的人則已沒有了，到最後佛法也就被世間的邪說和物欲所淹沒，縱然尚有佛經存在，也沒有人去信受奉行。因此，希望眾生在佛法還住世的時代，眾生還願意接受佛法而信仰的階段，要趕快努力，護持三寶，維持慧命於不墮，則可將佛法住世的時代，無限止地往後延伸，為人類帶來前景和希望。所以，末法的思想，並不像基督教所說的世界末日那麼可怕。

如果你的善根深厚，或者繼續培養你的福德和智慧，縱然是處於末法時代，而又面臨了世界將壞的開始，也不必絕望。此一世界只是宇宙中的一個太陽系的小星球，你可以藉你的善根而轉生他方世界，繼續修行。如果你的願力堅定，信心堅固，也可以往生他方佛國淨土。所以，此一世界的壞滅，並不等於走投無路，山窮水盡，這跟基督教的世界末日觀，又是另一點大不相同之處。

另外，佛教雖有末法時代，對你個人來講，只要努力不懈，可由末法時代的環境，進入像法時代的環境乃至於正法時代的環境。

您是佛教徒嗎？

一、民間信仰

中國人填寫履歷等各種表格時，對「宗教」一欄，多半會填「佛教」二字；換句話說，多數的中國人，自認是佛教徒，除了曾經受過洗，或已參加過入教儀式的天主、基督及伊斯蘭等各大小新舊教派的信徒，確知他們自己不是佛教徒外，其餘多多少少，不論由於自己或親屬等的關係，都和佛教的信仰有點淵源。

這即是說，只要不否定佛教，不反對佛教的人，就算是佛教徒。所以在中國民間而言，佛教徒的涵養很廣，這就說明中國人信仰宗教，一向是開放、涵容、多元性的。例如對水、火、風、雨等的自然神崇拜；對儒家所謂慎終追遠式的祖神崇拜；對歷史偉人、名將、烈士、貞女的崇拜；對特定的石頭、樹木等的靈物崇拜；對歷史演義及神話小說中的人物及神仙崇拜；以及對各種神祕現象的鬼神崇拜等，都能互融共存。雖然孔子不語怪力亂神，但民間大眾對於這些神道的崇拜和信仰，則由來已久。這既為民間所需，縱然受到唯物論者及一神信仰者的反對，還是普遍地流行，這些並不是正統的佛教。

二、多神崇拜

佛教傳入中國，是在秦漢時代，當時，已經有著民間信仰的事實存在，《楚辭》之中即有各種自然神的名稱。因此，印度的佛教傳到中國之初，也只是在群神的名目中，又添增了一位西方新到的神而已。雖然由於佛經的翻譯、流通，日積月累形成了漢文的三藏教典，闡述了佛教不是一般民間信仰的流類，但那也只是屬於研讀佛經，及真正修學佛法的人士，才會了知的事。一般人接觸佛教的諸佛菩薩，也和接觸中國原有的祖神、民族神、自然神等的態度和觀念相同。所以，在民間的小說、故事等的傳說之中，神與佛並沒有差別。例如，一般民間所知的如來佛、觀世音，都是從通俗小說如《封神榜》、《西遊記》，及民間故事如《觀音得道》等書之中得知，不是直接從佛經的研讀而了解的。

三、靈媒與乩童

佛教的《華嚴經》、《地藏經》等，雖也載有各種天神地祇之名，而中國民間信仰的多神崇拜，卻不是出於佛經的傳播，乃是來自所謂仙佛借竅等靈媒的降神，以及一般人所得靈異的感應，最普遍的是出於鸞壇，用扶鸞的方式，由乩童或筆生的口宣及鸞書等所示的諸神。最初多半是流傳於民間小說中的歷史人物及神話故事中的諸種神明，但佛教在中國普及之後，也有假託諸佛、菩薩、羅漢、祖師等的名字，出現於靈媒之口及鸞書之筆的。因為儒、釋、道三教的神、仙、聖、賢、佛祖、菩薩，也都可能輪番出現於任何一個靈媒之口及鸞壇的記錄，此即把佛教也視為民間信仰的原因之一。因在民間信仰之中，已摻雜有佛祖及菩薩的崇拜了。

民間信仰對諸佛菩薩崇拜的目的，不外乎求願、祈福、消災、免難、延壽、除病，乃至求財、求子、求婚姻的美滿等，這是宗教信仰的基礎動機。將佛菩薩當作諸神崇拜，也會達成所求的目的，因為一切善神都會護持三寶，並保佑信仰三寶之人；向佛菩薩求願，即會受到諸天善神的感應，也會受到諸佛菩薩的垂憫。由於佛教界普遍信仰觀音菩薩及阿彌陀佛，使得中國的民間大眾，對於阿彌陀佛、觀世音菩薩，也最感親切和熟悉，故有「家家彌陀佛，戶戶觀世音」之說。既然大眾以佛菩薩作為求願的對象，當然不能說他們不信佛教。

四、佛法僧三寶

其實，佛教徒是以佛、法、僧的三寶為皈信或皈敬的對象，而不是崇拜流行於民間的諸神，故在釋迦牟尼佛成道之後，最初度化在家信徒，即授三皈。所謂三皈，便是皈依佛、皈依法、皈依僧，具體稱為皈依三寶。

佛是大覺者，他是自覺、覺他而智慧與福德究竟圓滿的人；法是由佛所說成佛的方法，以及為什麼要成佛的道理；僧是學佛求法，並且助佛弘化、廣度眾生的出家人。初成佛道的釋迦世尊，在尚未度出家弟子之前，便對兩位在家弟子（商人提謂及婆梨迦）說：「皈依佛、皈依法、皈依未來比丘僧。」因此唯有三皈具足，才能成為正信的佛教徒。

如果僅止於信佛而不信法、不信僧，那是盲目的崇拜，便和民間的神鬼信仰類似；如果僅僅探究法義而不信佛、也不信僧，那就相當於一般的學者，看書做學問，與自己的信仰無關；如果僅皈依僧，即與民間流行的認義父義母、拜龍頭大哥等相近。唯有三寶具足，才能學佛、修法和敬僧。

僧是住持佛法的代表，因為他們修學佛法，所以是具體地象徵著佛法。在釋迦佛住世時代，僧已代佛弘法；當佛涅槃之後，更需要僧來傳授佛法。僧是由出家人組成的團體，又叫作僧團，每一個出家人是僧中之人，稱為僧人；在教化的場合，僧人即代表僧團，分頭教化有緣的大眾。因此，佛是佛法的源頭，法是佛教的根本，僧是佛教的重心，三者缺一不可；三者和合，才成為全體的佛教。

五、宗教的層次

佛有現在、過去、未來，以及此界、他方的不同，合稱即是十方三世的一切諸佛。法的基本點包含著殺、盜、邪淫、妄語、飲酒的「五戒」，以及不殺生、不偷盜、不邪淫、不妄語、不綺語、不兩舌、不惡口、不貪、不瞋、不癡等「十善」，這些便是人倫道德的人天善法。更進一步，則為解脫生死的出世善法；更有已得解脫而仍入世、住世的菩薩善法。

其中第一階層的人天善法，通用於世間的一切宗教，也就是世人所指「一切宗教都是勸人為善」的層次；至於第二階層的出世善法，是超越於人天，並且超越了欲、色、無色之三界的生死輪迴，進入了解脫境界，那就是小乘的聖人，稱為阿羅漢的層次。第三階層的世出世法，既能不受生死所縛，又能不必離開生死的範圍，能夠自由自主地來往出入於生死之間，從事廣度眾生的工作，而又無我、無人、無眾生、無壽者，那就是大乘的菩薩境界。

一切佛寶，開示一切法寶；一切僧寶，修學並且弘揚一切法寶。僧寶包含凡夫的出家僧尼、小乘的聖者羅漢、大乘的一切菩薩。倘若能皈依三寶，即能受到一切諸佛、一切聖者、一切菩薩、一切有道高僧的教導、提攜、保護、庇佑，不論是誰，不論什麼程度，都能由於各人的發心程度，和他們的善根深淺，而從三寶獲得各人所能得到的利益。

六、生天與享福

由此可見，若係善良的民間信仰，以及其他各派的神教信仰，不論信的是多神或一神，只要不違背人間的倫理，並合乎生天的條件，便可歸屬於佛法的第一個層次，即人天善法。此即是教人應有人的品格，當盡人的職責，並修天福，憑藉所修人天的眾善福德，死後即能還生為人，或生天界。所以修了人天善法，總比由於專門作惡而招地獄、餓鬼、畜生的三類惡報，要好得多。

不過，人間壽命很短，最多百年左右；天界壽命雖較人間為長，仍難免報盡而死。以佛教所見，天分三類，最上無色界，其次色界，均係修得禪定者所生；最下欲界，乃係修福行善者所生。欲界天人的壽命，從四天王天、忉利天、焰摩天、兜率天、化樂天到他化自在天，一共六個層次，一天比一天更長。最低的四天王天壽命，即以人間五十年為其一晝夜，壽長五百歲。向上依次遞增，最高的他化自在天，以人間的一千六百年，為其一晝夜，壽長一萬六千歲。不過當他們天福享盡，即從天上壽終，還回人間，乃至下墮惡道。

享受人天福報，猶如仰天射箭，當其勢盡力竭，即下墮地面，此乃因其未出生死輪迴。羅漢則已出三界生死。菩薩則雖出世間，而還入世間，廣度眾生。唯菩薩入三界，不同於凡夫的輪迴生死，好像犯人入監獄是為服刑，司法人員及教化師雖然也進監獄，他們卻是自由之身。

羅漢永遠脫離生死；菩薩雖處於生死及煩惱的眾生群中，卻不受生死的束縛及煩惱的煎熬；而佛是菩薩所成，羅漢也有轉為菩薩的可能。凡夫倘若以菩薩為榜樣，那就是見賢思齊，發心修學菩薩的法門，即成為菩薩道的實踐者。

七、正信的佛教

民間信仰的宗教層次，僅使信仰者求取神的救助，並未能使信仰者由自身起而自救救人。佛教的信仰，既能使信仰者有求必應，更能使信仰者淨化自己、強化自己，也能效法救人助人的菩薩與佛，更能成為菩薩與佛。中國是大乘佛教的化區，信仰佛教稱為學佛、修法、敬僧的「三寶弟子」，「佛」是菩薩道的究竟圓滿者；菩薩行是「佛法」化世的軌範；「僧」是住持佛法的代表。

民間信仰的宗教行為，確有其存在的功能和流行的價值；唯其既無教義的依準，也無教團的約束，更無教師的誘導，僅靠靈媒、乩童等的操作，好則可以配合善良風俗，否則也能破壞善良風俗、腐蝕人心。佛教則不然，既有悠久的歷史，也有層次分明的教義和教儀；既有二千六百年前出生於印度的教主釋迦牟尼佛，也有代代相承的教團及教師。釋迦牟尼世尊，是歷史明載的佛寶；佛教教義和教儀是法寶；佛教的教團和教師是僧寶。唯有信仰三寶及皈依三寶，才是正信的佛教徒。

那麼請問：您是正信的佛教徒嗎？（請參閱拙著《正信的佛教》）

怎樣辨明佛經的真偽？

佛經真偽的問題，可以分成兩個方向說：一是翻譯史上無法查證其時代和譯者的經典；另一是從鸞壇或者乩童以降神託夢的方式，傳授出來似是而非的佛經。第一類是正式的經典，與佛法不相違背；第二類是假冒的經典，實質是民間信仰的產物。

早期的印度佛教史上，學者間就有大乘非佛說的論調，因為大乘經典的出現和流傳，是在佛滅之後數百年。但是大乘佛法有其原始佛教的根據，只不過把思想的層面提高，予以哲學化，使它更博大、精深、玄妙，從人間推廣而至於無限，所以說，原始的經典是以人間為對象，而大乘經典則是以菩薩為對象。

可是，大乘經典絕對沒有離開原始佛法的基本原則，據因緣法而講空、無，講實相無相，據因果法而講有、真有、妙有。其實這是一體的兩面，空和有本不相離，這是因緣、因果基本法則的極致。所以，大乘佛法不論是否為佛說，或者菩薩說，或者其他眾生說，都不可以真偽來做取捨，只要符合佛法的原則就好。

至於第二類民間信仰的產物，是由附佛法外道的鬼神所傳授，利用有人在修行之時，或者某一神鬼特定的場所，化現佛菩薩的形相，以民間大眾所熟悉的語句，說出一部一部的短經，比如說《高王觀世音經》、《血盆經》、《太陰經》、《太上感應篇》等。有的近於佛，有的近於道，有的是儒、釋、道三教合流。以人間道德標準來勸化、教善、教孝、教恩義，都有它一定的作用，所以，雖為偽經而非真的佛經，民間的佛教徒們，都在傳誦，沒有不良的後果。

另外，也有屬於第二種的流類，雖稱是佛經，為佛說，但內容卻違背因果的原則和因緣的觀點。講空便否定因果，講有即戀著於世間，將佛菩薩和神道混為一體，平等對待，所謂五教合流、三教平等、佛佛同道、道道相通等的理論，其實非佛、非道、非儒，亦非耶教與伊斯蘭教。他們雖用佛經，也解釋佛經，但他們自己各有其神示的所謂「真經」為其根本，這種以假冒佛經為名的書籍，當然不是佛經。

尚有一類，由於某些人的盲修瞎練，獲得一些神祕經驗，感應魔道降示和鬼神的附體。為了建立他們的教化根據，達到廣招徒眾的目的，也看佛經，解佛書，不過他們是以自己的所見，或似是而非的定境，或魔道鬼神的指示，用屬於自己的語言、意象，任意解釋經句和經義；類似的書籍，雖以佛經的註解為名，其目的則在於離經叛道，毀謗正法，損傷慧命。這就是古來祖師所說「離經一字，即同魔說」的例子。

據此判斷，如果稱為佛經而無法確定是佛經或非佛經時，最好的辦法是查對藏經的目錄，如明載於目錄，雖被列為「疑偽」部類，仍屬可信、可讀；若在經錄所無，就要考慮是否和佛法的基本原則相悖。再有，除了解經用經義，引經名，述古大德的發明，如孔子所說「述而不作」的態度所寫的佛書之外，最好少看為安全。

佛教如何適應民間信仰的要求？

所謂民間信仰，是跟民俗相關的宗教行為，也是原始型態的宗教現象，自從人類文化開始以來，即已普遍地發生在各個民族之間。那是為了紓解心中的困擾、家庭和社會的糾紛、自然環境的折磨，在一時間無法以人的體能、智能所能解決的情況下，唯有訴求於神明的指引、援助、救濟、保佑，利用求籤、問卜、降靈、牽亡、扶鸞、牲供、許願等方法，以達到與鬼神溝通的目的。這種行為，在一神教的立場看，乃是異端的迷信和邪術，佛教也不主張類似的行為。

民間信仰是諸神雜糅的，宋以後即有儒、釋、道三教並收，神、仙、佛、菩薩不分之勢。清末民初以來，更有增加耶、回二教所謂五教同源的民間宗教，通過靈媒、術士、鸞壇、乩童，以及靈籤、筊杯等的人員和道具，請到自稱為是某神、某仙、某聖、某賢、某菩薩、某古佛的無名鬼神，來為祈願的民眾決疑指點，以滿足他們的需要。漸漸地，佛教也開出了若干方便法門，以適應民間信仰的需求。所不同的，佛教是以理性疏導，修善積福、懺悔誦經，來達到祈求的目的；民間信仰則以盲目的依賴及媚神的行為來達成他們的希望。此在一神教的信仰者也有類似的目的和作用，不過卻是以唯一的神，作為祈求的對象。民間信仰也將各宗教的教主等，當作諸神崇拜。所不同的是各大宗教，均有其教主、教史、教理、教儀、教團的傳承；民間信仰則是東拉西扯、七拼八湊的多神崇拜。

從人類文化史的考察而言，民間信仰雖屬於原始民族的宗教型態，卻為人類身心弱點之所需；歐美社會經基督教近二千年的洗刷清理，迄今仍有民間信仰的蹤跡在到處活動。所以站在佛教的立場，也宜有適當程度的容忍。不過如果為了投合民間信仰的要求，而降低佛教信仰的層次，甚至將民間信仰的各種鬼神，提昇為佛菩薩的化身和權現，就會為佛教帶來名存實亡的命運，也會遭受到理性的批判和指責。所以，正統的佛教寺院不應設置籤筒、鸞壇、筊杯，也不供奉各種地方色彩的諸神偶像，以免染上了民間信仰的色彩，而被誤為多神的崇拜就是佛教，佛教就是民間信仰的流類。

佛教如何因應社會大眾，對民間信仰需求的滿足？此應著重對於信仰諸佛菩薩功能的提倡，或者對於某些常用經咒效驗的闡揚，比如觀世音菩薩、地藏王菩薩的靈驗，是無微不至、無遠弗屆、無時不應的。觀世音菩薩稱為廣大靈感、救苦救難、大慈大悲；阿彌陀佛稱為無上醫王，又名無量壽及無量光。這些佛菩薩，能夠使人有求必應，求長壽得長壽，求智慧得智慧。釋迦牟尼佛是盧舍那佛的千百億化身之一，他是娑婆世界的教主、人天的導師、長夜的明燈、苦海的慈航；一切諸佛，均能於一切時一切處，接受到任一眾生的呼救，具備救濟眾生的一切功能。所有的諸大菩薩也都具足六種神通，隨時、隨處、隨類攝化，普應一切眾生的合理祈求。那麼人人只要選定一佛，或一菩薩，或一特定的法門和經咒，就可輕而易舉地達到民間信仰所有要求的目的，何況尚能更進一步，由民間信仰的宗教層次，進入自利利他、解脫自在的境界。

佛教內的密教有種種不同目的及不同層次的修練法，中國的天台宗乃至華嚴宗，也編有各種禮懺儀軌及修證儀軌，依之修持各經所宣示的法門，此已不同於民間信仰的多神崇拜；唯追溯佛法的源頭，並無多樣化的儀軌可求。佛說無量法門，而其任何一法，只要專心修持，就能成為一切法的總持，所以《楞嚴經》有二十五種圓通法門，任一法門就等於一切法門，具足一切法門的功用。《維摩經》更加開示出不二法門，否則，容易和民間信仰混淆，與多神信仰合流，而予人以神佛不分的印象。

再深一層說，作為一個佛教徒，如果為了滿足不同的願望，而經常變換修行的方法和崇拜的對象，便會失去中心的目標。正信的佛教徒，信仰三寶是為學佛、修法，是學佛的慈悲與智慧，以佛法的正確指導，修行專一的法門，以達成持戒、修定、發慧等一貫的目標。只要不離三寶的原則，日復一日地，以看佛書、做佛事、持戒、布施、禮誦、懺悔等為日課，縱然不求現實利益，現實的利益也會在你的日常生活中自然成就。

逃避和出離有什麼不同？

通常，初學佛的人，必須要有厭離心，才能夠真正體會到修行佛法的重要和必要。要厭離什麼呢？是對於來自心理、生理、人際關係、自然環境的種種矛盾、摩擦，而引起的許多煩惱、痛苦。如果能夠轉變，那麼對這些現象的感受就不需厭離；無物可厭，也就無處可離了。所以，厭離是修習佛法的初步，就是知苦而求離苦的意思。

一般人總認為厭離人間的人際關係、生活環境，就是否定了人的價值和意義。其實恰好相反，正因為要提昇人的價值和意義才要暫時厭離。就像商人出外經商，是為了賺錢養活眷屬，維持家計；孩子出外求學，是為了學到更多的知識和技能，以謀他日成家立業和自利利他。所以，佛法所講的厭離是修行的初步過程，而不是終究的目的。

逃避就不同了，逃避是不想負起應有的責任，不敢面對現實的生活，而抱著逃債，甚至於逃亡的心態遠離他所處的環境，這種人就像處於逃亡狀態的犯人一般，心裡經常充滿著恐懼、不自在、不安全，永遠承受著無處容身的心理壓力。這和修行正信的佛法以厭離煩惱的世間，完全不同。若能厭離煩惱，他就能逐漸地離開煩惱；多離一分煩惱，便多得一分解脫和自在。自在的程度愈深，煩惱也就愈輕，最後便得究竟解脫。如果已得解脫，當然也就沒有厭離和不厭離的問題了。

逃避是不能解決問題的。逃避是知苦卻不敢面對苦，反而逃苦的意思；厭離是知苦、避苦因而學佛脫苦，乃是為了疏導問題。逃避既違背佛法所說的因果律，所以也不為佛法所許；厭離也不一定要離開人間，而是透過佛法的指導原則及其修行方式，提起對於世間現象的徹底認識。《中觀論頌》云：「眾因緣生法，我說即是無。」首先是厭離世間，結果既已知道諸法空幻，也就不起煩惱和執著，也就不需要厭離。不過，僅僅通過知識的認同未必能夠離苦，所以要暫時離開世俗的環境，專門修持佛法的戒、定、慧三學，就比較容易達成離苦的目的了。因此，上上根器的人，一旦接觸佛法就能頓悟，悟後或以出家身，或仍以在家身於人間行化；一般根器的人，則以離俗出家最易得力。不過，出家是大丈夫事，並不是世間多數人可以做到的。因為第一，一般人不知厭離；第二，許多人雖知厭離卻無法厭離。

個人自修和集體共修有什麼不同？

常聽說：「寧在大廟睡覺，不在小廟辦道。」也就是說個人修行不同於集體修行，在明師指導下修行和無師自修，更是大不相同。

個人修行，應該是在已經懂得了修行的方法和修行的道理之後，而且也要知道如何來解決修行過程中，所發生的身心及知見上的疑難和困擾等問題，否則不但無法得益，相反地很可能受害。特別是修行禪定，精進勇猛的話，會有種種的禪病和魔障發生，那就是包括生理和心理的反常變化。所以，初學的人，不宜單獨修行。

集體修行，縱然沒有明師指導，尚有其他同修的彼此照顧，互相糾正，只要知見正確，不會發生太大問題。

再說，個人修行很容易成為冷熱不均，忽而勇猛精進，忽而懈怠放逸，乃因為無人約束，也沒有大眾的生活規制。勇猛過火，會引來身心疲憊而產生禪病；懈怠放逸更會使人放棄修持，退失道心。如果經過幾度的冷冷熱熱之後，便會對於修行退失信心。若在團體中修行，由於共同生活的制約，且有同修之間的制衡，會使人逐步前進，所以，比較安全。

從心力而言，個人的心力是極其有限的，初初修行的人，也無法造成修持道場的氣氛，如果能結合多人共同修行，以同樣的方式、相同的目標、共同的心態、同樣的作息時間共修，就會形成修行道場的氣氛，其中只要乃至一人正常修行，就會使得全體導入正軌。如果，多半人處於正常狀態，此種心力的共鳴、共感，就會使得每一個人得到全體修行者的全部力量，十個人參加，每一個人都可能得到十個人的力量；一百人參加，每一個人也可能得到一百個人的力量，所以，佛教贊成以集體的修行為初學者的常規。

縱然是修行已久的人，偶爾能夠參與集體修行，也是有益的事，所以，當釋迦牟尼佛在世的時候，常有弟子一千多人，追隨佛陀過僧團的生活；在中國佛教史上，不論哪一宗派，人才輩出之時，多是由於集體修行產生。例如：

禪宗的四祖道信、五祖弘忍、六祖惠能，以及馬祖道一、百丈懷海等諸大師，其門下無不龍象輩出，而他們都是集合了四、五百人，上千人等的大僧團。因此，將禪宗的寺院稱為大海叢林，大海是龍蛇混雜，魚鱉居中，但是不容腐屍。修行者的根器，雖有大小、利鈍之不等，如果腐敗了，反常了，就會被海水棄之於外。叢林之中，林木雖有大小、粗細，但是無不挺拔向上，否則就接受不到雨露、陽光，就會自然地被淘汰。

由此可見，單獨地專精修行，不是初學者所宜。

大修行人一定要閉關嗎？

閉關，又稱掩關，這名詞和風氣，在印度並沒有，在中國也一直到元朝之後，甚至到了明朝，才看到這種修行方式的記載。因此可說，大修行人不一定要閉關；相反地，閉關者也不一定是大修行人。

閉關可能是淵源於西藏佛教的長期洞窟修練，當喇嘛教隨著蒙古王朝到了中國內地，閉關方式也日漸風行。

從修行的方法而說，有定時的、定期的功課以及一定時段的修法，比如七天、二十一天、四十九天、九十天、一百天等，剋期取證，專心修持某一法門；如果環境許可、事實需要，也可為期一年、三年，乃至於六年、九年、數十年。但不一定是單獨地個人修持，例如：釋迦時代的結夏安居，中國大陸禪林的冬、夏兩季禪期，是集合許多人共同修行的。天台宗祖師們所編的懺法、儀軌，都是結合六、七人、十數人共同結壇而修的。在佛世時的結夏安居，也是在一定的範圍之內，或於樹下，或於洞窟，或於自建的茅舍，或於居士家的空舍，個別修行的，但那些都不是現在所說的閉關。

在早期的中國，也有一些禪者，於悟發之後，而由善知識囑其到水邊林下、山間洞窟，單獨過木食澗飲的修行生活數年。最有名的例子是終南山，據說那兒有七十二家茅蓬，原先都是個人修行，其中後來也有的漸漸成為一個個的寺院；但是住茅蓬的風氣，仍然歷久不衰。所謂住茅蓬，是自備炊具以及穀類、菜蔬的種子，入山披荊斬棘，結茅為舍，以避風雨，長期遠離人間。不過這樣的修行法，雖類似閉關，而不是閉關。

近世的閉關修行有兩種人：一種是為避世俗事務的紛擾；另一種是為精進的禪修或潛心於經藏。前者等於是隱退修養，後者才是真正的修行。如果僅為修養，只要有錢，或有外緣的護持，就可以辦到。進關之後，若不知修行的方法，也不懂深入經藏的門徑，那麼雖然閉關三年、五載，還是不可能有所成就。如為禪修及閱藏，也得已經有了禪修工夫的基礎，或已經摸到了進入經藏的門徑才可，否則也不會有多大的成就。

所謂大修行者的定義，應該是全心投入，至少已經開了心眼，而依舊不露聲色、忍辱負重、吃苦耐勞，忍人之所不能忍，捨人之所不能捨，雖心淨如明鏡而不表現於外，雖言行如癡呆而悲智存於內。一旦因緣成熟，即能登高一呼，萬山相應，廣度眾生，有教無類而不著痕跡。如果因緣未熟，雖終其一生，默默無聞也不減其生命之光輝。如寒山、拾得、豐干，都是大修行的人，要不是後來的好事者，蒐集了他們的詩偈，流傳於世，不然誰都不知道歷史上曾經有過這樣的人物。比如，孟子所說：「窮則獨善其身，達則兼善天下。」這就很類似佛教所說的大修行者的襟懷和風光。因此，大修行者可以掩關，也不一定非要經過閉關的形式和過程不可。如果因緣許可、事實需要，閉關的確也是擺下雜務、杜絕外緣，專事修行的最佳方式之一。

魔考是真的嗎？

魔考的觀念，不是出於佛教，而是出於一般被稱為齋教的民間信仰。

佛教所說的魔，分為煩惱魔、五蘊魔、死魔和天魔。除了天魔之外，都是屬於身心和環境的衝突與不平衡所產生的現象。要得天魔的擾亂，必須是大修行人；除了天魔之外，其他三種魔，都屬於人為的。縱然是天魔的困擾，如果身心正常、精神穩定，也可以克服。所以，不會修行的人，或知見不正的人，易染魔擾；如有正確的知見和精進的修行，魔擾是不存在的。

所謂魔擾是由貪、瞋等自我中心的執著而產生的，我執愈輕，離魔愈遠；即使人皆難免面對死魔的降臨，但對修行者而言，若能以平常心來面對死亡，死亡就不是魔。

五蘊魔的意思，是指色、受、想、行、識。第一色蘊是指我們的肉體和肉體所處的環境，其餘四蘊則屬於心理活動，以及流轉於生死之間的精神主體。如果不出三界、未了生死，即在五蘊魔的掌握之下，但他不是人格化的鬼神，而是由於業力的推動。如能祛除貪、瞋、癡而出三界，便能脫離五蘊魔的範圍。可見此魔不在心外，也不在身外。

所謂煩惱魔，是指我們的心理活動失去平衡與自主的控制。所謂心不由己，心隨境轉，事事牽掛，捨不得、放不下、求不得、丟不掉，都是出於自我中心的自私心理作祟；若能以慈悲心待人，以慚愧心待己，以理性的智慧替代感性的情緒，煩惱魔便無可奈何。

至於天魔，他在天上，和一神教的宇宙創造神並行，他有無限的大力，他的形相變化多端，可能以猙獰的面目出現，多半則以仁善的型態現身；不過他的目的，不論威脅利誘，都是要你脫離正道而行邪法。

佛法所說的天魔，是在修行者發起出離三界之心和大菩提心之時，魔宮震動，魔王發愁，因為即將有人出離三界，魔子魔孫減少，而佛法增長，因此，派遣魔子魔女、魔兵魔將，來擾亂修行之人。如果是大修行人，魔王也會親自出動，務期留住此人於魔力所及的範圍之內。例如釋迦世尊在菩提樹下成道之前，就有降魔的過程，所以，非大修行人，不容易受到天魔的困擾。一般的俗人終日在煩惱及五蘊之中打滾，也在生死之中流轉，豈能遭致天魔的出擊？

但是現在民間卻流行著魔考的信仰與傳說，信了一般齋教之後的人，如果事業順利、家庭平安、身體健康，就說是無生老母、明明上帝所賜，是信奉齋教的行為所致，應該全心地感謝，全力地奉獻。如果遇到不如意事，災難、病障、橫禍、鬼擾，就說是魔考，而謂道高一尺，魔高一丈，那是由於入了道門、成了道親，有所謂已在天堂掛號、地獄除名，所以，引來魔鬼的妒嫉，而給予種種的打擊。這不能埋怨無生老母、明明上帝，反而應該感謝、忍受，否則，如果禁不起魔考而退失信仰，那就又要變成天堂無分、地獄有名。

這種說法，實在是愚癡的迷信，否則既有權力使人天堂掛號、地獄除名，為何不能助人袪除魔障，還要說是魔考，使得接受魔考的人，不敢以人為的方式來補救、改善他們的遭遇。

當然，佛教也有重罪輕報之說，以及提前受報之論；也就是說，若不修行，惡報尚不會現形，一旦精進修道，發出離心，行菩薩道，就會引來若干魔障，那可能是天魔，也可能是宿世的怨親債主，恐怕你出離三界之後，對你控制無方、需索無門，所以提早討還你的欠債。不過由於你的修行和發心的善功德力，能將本來是應該多生償命的，變成即生的病難，以此了結無量劫來的債務。所以，這是基於因果觀點而言，不是無理的迷信。而且，佛教還是主張在災難降臨之時，盡量設法處理改善，以盡人事，不是束手待死式地受盡折磨。佛法講因果也講因緣，過去的因，如果加上現在的緣，它的結果就會改變。

佛教不是定命論和宿命論，而是努力論。一切的災難與不幸的遭遇，都是來自過去所造的，加上現在的未曾努力，不必怨天尤人，當以正常的方式做合理的改善。因此，遇到疾病及困擾，便稱為魔考的觀念，在佛教是不能成立的，也是不被承認的。

如何選擇明師？

韓愈曾經說過：「術業有專攻。」因此，學習任何法門都應該選擇有專精獨到功力的明師，不論做學問、學藝和學佛，其道理都是相通的。雖然明師未必出於明師之門，明師門下也未必出高徒，但是追隨明師，至少不會指錯方向，教錯要領，實要比所謂「以盲引盲」來得安全。

可是誰是明師？往往無法得知，特別是宗教經驗和禪修工夫，在自己尚未入門時，更是無法判斷誰是明師或不是明師？不過，明師雖然未必有名，但若為大眾公認的明師，自然要比自稱明師而尚未被大眾所公認的，要可靠得多。在無力明辨誰是明師或不是明師的階段，追隨已被大眾公認的明師是比較安全的。或者由已經成名的老師，介紹尚未成名的老師，也是較可信的。而由你所信任的明師介紹另外一位明師，也是可取的，如在《華嚴經》中，善財童子參訪五十三位大善知識的方式，就是通過一位介紹一位，形成了五十三位的連鎖關係。他們人人都是明師，因此，善財童子絕不是病急亂投醫似地盲目拜師。

世間任何時代都有許多自稱為一代宗師的人物，他們妖言惑眾，顛倒黑白，混淆視聽，廣收徒眾以虛張聲勢，如果不加明辨，即很可能以有名的邪師為明師。所以，孟子也說：「人之患，在好為人師。」因為那些邪師對社會人心有誤導作用，使人間產生更多的紛擾不平衡、困惑不安定；因此跟他們學習某些邪法、邪說和邪術，不僅不能開拓人生境界，反而會為自己帶來身心的傷害、家庭的失和。只可惜一般人實在很難識破這些人的真偽、邪正。

從佛法的立場說，邪與正、暗與明的標準，都在於自我中心的考察，如帶有強烈貪瞋習性的人，一定不是明師；又如雖然表現仁慈、和顏悅色、道貌岸然，但倘有憍、狂、慢等氣質的人，也一定不是明師。找明師，《大智度論》卷九揭示了四個要點，稱為「四依法」。

第一，依法不依人：明師不以自我為中心，也不以特定的某一個人為權威，是以共同的原則、規律為依準。律教的法就是因緣法、因果法，如果一位老師所說的道理與開示，違背了因果和因緣的法則，就不是明師。因為因果是要我們對自己的行為負責；因緣是教我們對一切的現象不起貪瞋等執著心。否則，雖眾人尊其為聖人，也和邪師無別。

第二，依義不依語：凡是真正的法則，一定是放諸四海皆準，古往今來皆同的，不會因民族、地區、文化等背景的不同而有差別。如果說有宗教上的禁忌，或有語言上的神祕，便都不是正法。正法應注重義理的相通，而不當拘泥於語言上的相異。例如說：穆斯林重視阿拉伯文，猶太教重視希伯來文，都與此準則相悖；佛教徒重視梵文、巴利文，只是為了考察原典以追求原義，並不是說梵文和巴利文有特別的神力或神聖。當然，印度教是重視梵語、梵音的，此與佛教有別。

第三，依智不依識：智是聖人的智慧，乃從無我的大智、同體的大悲中產生。因此，凡含有自我中心，不論為己為人，乃至於為一切眾生，或者為求成就無上的佛道，不論是大我、小我、梵我和神我，個別的我與全體的我，都不能產生真正的智慧，因此仍屬於知識及認識的範圍。知識是從自我的學習經驗中產生分別、記憶、推理等的作用；而智慧則只有客觀的現象，沒有主觀的中心；只有運作的功能，沒有主體的中心，如果與此相違，就不是明師。

第四，依了義不依不了義：了義是無法可說、無法可執、無法可學、無法可修，也無法可證。正如《六祖壇經》所說的無念、無相、無住，不為什麼，也沒有什麼，只是照樣地吃飯、穿衣、過生活、自利利他、精進不懈。

根據以上四點標準，我們就可以很容易地判別，誰是明師？誰不是明師？再依據這四個標準去訪察你所希望親近的明師，大概不會有所差池，日積月累，縱然不得明師，你自己也已經成了明師。

如何一門深入？

近代的思想家胡適之先生曾經說過：「為學要如金字塔，要能廣大要能高。」博覽群籍是學問的基礎，一門深入是學問的造詣。如果僅是博大而不精深，不能成為學問，只能算是常識，所謂門門通，門門稀鬆；不能在任何專門的範疇中出類拔萃、登峰造極，就不能夠見其成就和獨到的特色，那不是專家，而是一般的通才。所以，佛制規定，出家的比丘應該專精於經、律、論的修學，如果資質優秀，也可以三分之一的時間，旁覽教外的典籍，因為人在一生中的時間有限，不可本末倒置。

佛教的三藏聖典浩如煙海，雖皓首窮經，盡畢生之力，也無法盡學其精奧。因此，自古以來，學佛之人探究經論是有選擇的：在初入門時，可以從概論的書籍及通論和通史性的著作著手，以俾知其大端；而後即應該有所選擇，依據個人的心向、興趣，從事某一部經和某些相關的經，某一部論和某幾部相關的論，某一部律和相關的律書，如此盡一生之力，學習、修持、研究、弘揚，就可以成為一代大師；爾後繼者再循著他們的成果續加鑽研，即造成分宗分派的現象。

目前對於一般的佛教徒來說，最迫切需要知道的所謂「一門深入」，倒不是有關經、律、論的問題，而是在於宗教經驗、修持法門，以及善知識的選擇和追隨上。因為一般人不知道自己適合修行哪一宗派或哪一些法門，以致於不論是修苦行、修樂行、修顯教法、修密教法，均可能不知所從而樣樣都學。在顯教方面，如果淨土、禪、律、天台、華嚴、唯識等宗都各有一位，乃至幾位知名的僧俗大德，都可足以使得那些患得患失、見異思遷、淺嘗即止的人，處處參學，常常變更他們的老師。時至今日又有某些沒有師承的密教，以及民間信仰的鬼神教徒自稱上師、自立活佛，紛紛出現世間，而他們也都有一套自圓其說、自成其理、自創其法的宣傳，琳瑯滿目，使人目不暇給。一般沒有佛學基礎的人，在對修持方法和修行成效有所要求下，也不免處處摸索，見一樣學一樣，結果很可能遭致精神錯亂、心理失常、生活失調等下場，而與社會脫節，變成家庭和社會的負擔，這是非常遺憾的事。

因此，我們主張要一門深入，不要見異思遷，得隴望蜀。如果你已認定所學的是正統的佛法、正信的佛教，只要沒有發生副作用，不論念佛、參禪、持咒，在正常心態下，日積月累不斷地修持，都必定會有成效可見。切莫求好奇心的滿足、官能的刺激和思想的激盪，應該以平常心去修學佛法的正常道，也就是合理的、人本的、自力的、清淨的、利他的，最多加上佛力救濟，以求臨終往生佛國淨土，就夠了。否則，既想成為佛教的高僧和大德居士，又想通曉古今中外的文、史、哲學、宗教等各種知識學問，便無異是浪費生命。如此，既不能自利，也不能利他；既不能夠充分地自修，也不能夠以自己的所長去幫忙他人。

何謂專修與雜修？

嚴格地說，中國人是雜修的佛教。例如：為了求現生的健康、長壽、消災、免難而持誦〈普門品〉、《藥師經》、〈大悲咒〉或念觀音菩薩及藥師佛聖號；若為求西方的未來利益，便誦《阿彌陀經》，並念阿彌陀佛聖號；若為消除病障、業障，則多半誦持〈觀音靈感真言〉、〈白衣大士神咒〉或者禮拜《水懺》、《梁皇懺》等；如果為了超度先亡、親友，則念《地藏經》、〈往生咒〉、放焰口、放蒙山等。類似的修行方式，既是顯教，也混有密教的形式與意味；既是修西方淨土，也修東方淨土。同一個人在不同的時間，為了不同的目的，就可能用不同的法門。

其實，佛法貴在一門深入，不論用顯、用密，誦經、持咒、作觀、禮懺，或念任何一佛、一菩薩的聖號，修任一法門，只要持之以恆，就有感應，即能達成修持的目的。也就是說，念阿彌陀佛能往生西方，念觀世音菩薩也能往生西方；念觀世音菩薩能消災免難，念阿彌陀佛也能消災免難；作觀能夠入定、開智慧，持名念佛和念菩薩聖號，也能入定而開智慧；其他以此類推，如誦《金剛經》也能開智慧、消災、免難、除障、生西方。所以，《楞嚴經》有二十五種圓通法門，就是介紹二十五位大乘羅漢及菩薩，各人專修一種特定的法門，結果都能一門深入而門門深入。這就像觀世音菩薩是耳根圓通，他修音聲法門而通達一切法門。

如果修淨土法門的人，能夠專精念佛，抱定一句「南無阿彌陀佛」六字洪名，就能得現生利益，也能於臨終時受到彌陀接引；有難的免難，有災的消災，有障的除障，愚癡的增長智慧，煩惱的減少魔障。如果是學禪的人，但能抱定一句話頭、一個公案、一種現行的方法，就能既得現在利益，又得未來利益，如果願生淨土，也必定能夠往生。

唱誦多半是用之於集體修行，和在經過長時間禪坐之後的一種調劑。如果是個人修行或比較長時間的定期修行，則不一定要有唱誦。在家居士的早晚課誦，能誦就可，專持某一聖號，專誦某一經典，專禮某一部經，專拜某一佛菩薩，都可以稱為專修，也都可以達成所有的修行願望和目的。如果每天定時持誦、禮拜同樣的幾種經咒與聖號、讚偈，也可以稱為專修，當然，比之前項的專修，此已有雜修的意味。

古來有人專門持誦《金剛經》或《法華經》幾千部甚至幾萬部，專門禮佛幾百萬拜，持咒幾百萬遍；像永明延壽禪師，每天持阿彌陀佛聖號，乃至作息、飲食、大小便利、睡眠的時候，都不間斷，那才叫精進專修。一般人不容易做到這個地步，若教他僅持同一經咒和僅念同一聖號，有些人會感到單調，乃至於無聊。所以，每日持誦幾種不同的經咒、聖號和讚偈，比較妥當。但是，切忌今天學顯教，明天改修密教；早晨求生東方，晚上又求生西方。

什麼叫作易行道和難行道？

「易行道」和「難行道」，都是學佛修行的菩薩道。首先出現於龍樹菩薩的《十住毘婆沙論》卷五〈易行品〉。介紹菩薩的修行之道，有難、易兩種。如世間行路，以步行走陸路，比較吃力艱難；乘船行水路，比較省力容易。難行的菩薩道，是指勤行精進；易行的菩薩道，是指以信心為方便而致不退轉位。

龍樹所說易行道的修行方法，是稱念善德等十方十佛、阿彌陀佛等一百零七佛，乃至善意等一百四十三菩薩名號。至中國曇鸞大師的《往生論註》卷上，則鼓吹專念「阿彌陀佛」一佛名號，稱為易行道，宣揚彌陀的他力本願，乘佛本誓願力，即得往生彼佛淨土，以佛力加持，而入大乘正定之聚。道綽大師的《安樂集》，則將難行道稱為聖道門，易行道稱為淨土門。到了日本的法然上人，則標出「自力聖道」與「他力淨土」，來說明難行道與易行道之不同。

可見，龍樹菩薩所說的易行道，是以稱念諸佛菩薩來求生十方淨土。而中國及日本的淨土行者，則以修行阿彌陀佛的淨土法門為易行道，仰仗彼佛願力，往生極樂淨土。到了彼佛淨土之後，由於所見所聞，都是阿彌陀佛說法教化的設施，耳濡目染，無非念佛、念法、念僧，所以比較容易成就菩提，且能直至位階不退。

不過若全仗佛的願力往生者，要至不退轉位，必須經過極長的時間。因在彼土無緣修福，但可修慧，修慧能離煩惱，若不修福，便不能成就菩薩功德。故雖容易，卻有迂迴之感，必須等到位階不退之後，再到世間廣度眾生，以修足菩薩的福德，福慧圓滿，方能成佛。易行道的殊勝方便，較便利自信不足、罪業深重的怯懦眾生，能使之有得度的希望，並鼓勵他們學佛、念佛。

所謂難行道，就是以三大阿僧祇劫的時間，修難行能行、難忍能忍的菩薩道，這是修行佛法的通途。三世一切諸佛都是由於在因地時發了無上正等的大菩提心而成佛。也就是說，發願求成佛道者，通常是要先成就信心。依據《瓔珞經》說，修行信心，須經一劫、二劫、三劫，便得信心不退而入初住位。《起信論》則說：「修行信心經一萬劫。」信心成就，然後進入初住位，那才是第一阿僧祇劫的開始；至初地是第二阿僧祇劫的起點；過七地是第三阿僧祇劫的發端；十地滿足，三大阿僧祇劫修畢，成為等覺菩薩。例如：觀音、勢至、文殊、普賢、地藏等，再過百劫即登佛地，這便是難行道。在此期間，捨生受生，做無量布施，修無量供養，親近無量諸佛，在眾生之中，永遠是「不為自己求安樂，但願眾生得離苦」。日積月累，我執漸漸消融，福慧時時增長。當無我的大悲究竟圓滿之時，便是成佛。

第一阿僧祇劫修滿之前，都是凡夫。依天台宗的解釋，信心成就之前，稱為外凡，初住至十迴向位，是內凡。在凡夫位中的菩薩，是有我的，是有眾生可度的，是有煩惱可斷的，也是有佛可成的。唯其由於對三寶的信仰堅定，對自己的信心篤實，所以，勇往直前，義無反顧，如法修行。

初住位前的十信位中，若遇魔障、業障、煩惱障、種種報障等，尚有退失信心的危險，所以叫作「有退」。經常進進退退，有時信佛修行，有時又離開了佛法。然其一旦曾經發起菩提之心，就已種下了成佛之因，不論此因的力量強弱，總還有機會再度，乃至於再三再四地從八識田中顯現，使之繼續修學佛法。到了信心不退之後，從成佛的時間上講，已經確定；從受苦受難的程度上講，則風浪愈來愈強勁，前程愈來愈艱難，這就是菩薩修行的難行道。中國的賢者、豪傑，不是也有「鼎鑊甘如飴」的襟懷嗎？菩薩受苦難，是出乎他們的願力，不是業報。這樣的難行道，對菩薩而言，是正常的修行過程。

不過阿彌陀佛的淨土法門，也不全然是信心薄弱者所修，依據《觀無量壽經》所示，九品蓮花往生、上品往生的條件，即有修三福業及發菩提心的菩薩行，故也不是全賴彌陀的他力往生。唯有下品往生，是全仗阿彌陀佛本誓願力的他力救濟。

忍氣吞聲就是修忍辱行嗎？

忍辱是六度中的第三度，「度」是度過煩惱苦海之意，而「忍辱度」的確也有忍氣吞聲的意思。比如《遺教經》說：「能行忍者，乃可名為有力大人。若其不能歡喜忍受惡罵之毒，如飲甘露者，不名入道智慧人也。」《瑜伽師地論》卷五十七也說：「云何忍辱？謂由三種行相應知：一不忿怒，二不報怨，三不懷惡。」另《大智度論》卷六亦云：「眾生種種加惡，心不瞋恚；種種恭敬供養，心不歡喜。……是名生忍。」同書卷十五也有：「忍諸恭敬供養眾生，及諸瞋惱淫欲之人，是名生忍。忍其供養恭敬法，及瞋惱、淫欲法，是為法忍。」在《優婆塞戒經》卷七也另示如下：忍有兩種：第一是世間忍，就是能忍飢、渴、寒、熱、苦、樂；第二是出世間忍，即能忍信、戒、施、聞、智慧、正見無謬，忍佛、法、僧，忍罵詈、撾打、惡口、惡事、貪、瞋、癡等，能忍難忍、難施、難作。

從以上所引經論內容看來，忍辱二字的涵義甚廣，有拒受諸樂而接受諸苦之意。無理的侮辱不是一般人所能忍受；拒絕美女的投懷送抱，也不是普通人能夠做得到的；而信受佛法中的種種法門，更不是一般人所能夠辦得到的。一般而言，若與自己無關的事，大致能夠忍受；若與切身的名利、眷屬、男女等相關諸事，那就不容易忍了。

佛法不僅為個人忍，也要為眾生忍。到達無諍的程度時，就成了八風吹不動，即對利、衰、毀、譽、稱、譏、苦、樂的八種現象，無一不能忍的境界。所以解脫的菩薩稱為已得無生法忍。對於內六情的眼、耳、鼻、舌、身、意等不著，於外六塵的色、聲、香、味、觸、法能不受，即稱為法忍。如能遇迫害而不瞋，受供養而不喜，既無能受的我，也無使我接受的他，能達如此，則稱生忍。此不僅是聖位菩薩的境界，也是修行佛法的目的。能忍就能安己安人、和眾共濟，所以忍辱是建立和樂人間的最佳準則。

根據這樣的標準，好像忍辱就是忍氣吞聲，一切的冤枉、侮辱、毀謗、打擊，都應該全部接受，沒有反抗的餘地似的。然事實並非如此，我們必須注意，如果不是出於智慧的忍辱，很可能造成更大的災難，因此透過智慧的觀照，應當是十分重要的。比如說，風雨水火的襲擊，是無法控制的；但是仍可以未雨綢繆，設法避免，來減少傷害、損失。業報是要正面接受它，但也可以經過努力，來改變業報的程度和方式。

所以，若對雙方無損並且有益的事物，那是必須接受的；如果對他有益，於己無益，也應考慮接受的；若對雙方都是有害而無益，那就需要設法避免或轉變它了。例如：明明知道對方是醉象、瘋狗、狂人，見人就咬、逢人就殺，就當然要設法制止，因對方已經不幸，切莫讓他再製造更多的不幸。但也不可存著「以牙還牙」的報復心態，應是基於慈悲的原則，自己時時加以反省和慚愧懺悔。對於喪失理性的人，應該通過制約、教化等方式和方法，使他們得以恢復正常。這對他們自己本身，以及整個社會，乃至所有的眾生，都是有大功德的。

學禪若終生不悟怎麼辦？

禪宗所說的悟，是擺下萬緣、心無執著，既無可求、亦無可捨。一念能夠擺下萬緣，此一念就在悟中。頓證、頓悟是沒有漸次、不假階梯的，所以也沒有必要顧慮到臨終時悟與不悟的問題。

禪的修持，切忌將心求悟、以心待悟。求悟不得悟，待悟即是迷；因為企求和等待都是妄念、執著、攀緣、放不下。所以，真正的禪者，知道有悟這樣東西，但並不以悟境的貪求為修行的目標。悟境是在修行之前的一種觀念，在修行的過程中，必須將此觀念擺下，才能真正得力。所以，禪者修行，重視過程不重視目的。在修行過程中依照明師的指導，用正確的方法，精進不懈、勇往直前。所謂一摑一掌血，一步一腳印，貼切著每一念，不容瞻前顧後，念念不斷、絲絲入扣、綿綿不絕，工夫自然得力。得力之後，始知悟與不悟、生死與涅槃，和修行了不相關。

但是一般初學佛者，雖已知道生死是苦海、涅槃是彼岸，但卻不知生死和涅槃之間，並沒有絕對的界限。所以要畏生死而求涅槃，認為未悟之前是為煩惱所縛、為生死所苦、受眾苦煎熬，但若一旦開悟，就能了生脫死、得大自在。殊不知這是方便說，是為迷人說，不為悟者說，以此誘導迷人來修學佛法。一旦進入佛門，生信起修，就要告訴他們，修行不為目的，悟境也是執著，除執著才能開悟，才能離開生死的煩惱。如能有此認識，即不會再有求悟、待悟之心。

倘若一生修行，都不得力，也就是自始至終，無法體驗捨執、離執的工夫。經常都在畏生死、求菩提的心態下，努力修行，那更不必擔心死後下墮三途了。因為心向涅槃，總比心向地獄來得好。佛法重視願力和業力，依願力為前途的導向，但因修行時業力的障礙，此生雖然可能無法得到解脫，但也不會離開三寶。此生若不成，來生可再繼續，在願力的引導下，努力於戒、定、慧三學的修持。也就是持戒的福業及定業、慧業，三者相加，必能使之上生天國、往生淨土，乃至成就菩提；至少也還能夠轉為人身，繼續學佛修行。

所以，修行的禪者，第一，不必為死後的去向而擔心。第二，如果自己功力淺薄，沒有把握，沒有自信，不知自己的願力有多強、修行的工夫有多深？唯恐由於願心不強，戒、定、慧三業的功力不夠，臨命終時會受到惡業的影響，魔冤的牽引，而離開三寶，墮至三塗，於此出沒生死，再也無法回頭，那就最好一方面依彌陀的本誓願力，以求往生西方淨土；一方面以禪修等一切的修行功德，增長往生淨土的資糧，這樣是最可靠的。

所以，中國在宋朝以後，禪淨交流且倡導禪淨雙修，是以禪的方法和求生淨土的願力兩者並重。倘使禪修的工夫得力，則自可不愁悟或不悟；不然的話，也能以殊勝的淨土為其暫時的歸宿。

「此生不了道，披毛戴角還」是真的嗎？

這是一個似是而非的問題。了道是了什麼道？為什麼要披毛戴角還？上焉者，有人道、天道、聲聞道、菩薩道與佛道；下焉者有地獄道、餓鬼道、畜生道。因為高下不等，不得籠統地說「了道」二字即可。當然，通常說的了道，是指出生死、離三界，這又分成易行道和難行道。

如果是易行道，任何人只要發願求生西方阿彌陀佛的極樂淨土，就能橫出三界。難行道是經過三大阿僧祇劫的難行能行、難捨能捨、難忍能忍的菩薩道，方能成佛。歷第一大阿僧祇劫滿，才能出離三界，這是一般菩薩成佛的通途。我們沒有發現初發心菩薩，對於修行的前途，產生懷疑的記載，只要信心堅固，願心正確，終極的目標不變，就不必畏懼下墮，更不必畏懼披毛戴角的生死現象。

諸佛菩薩在修行過程中，往往是適應眾生需要而示現不同的身分和形相，所以，在《本生譚》中，記載釋迦世尊在因地時，曾為種種的動物，已度種種動物中眾生；中國禪宗史上的南泉普願禪師，也說死後到山下村莊裡做水牯牛。因此，作為一個真正的修行人，只知當下努力修行，至於是否能夠出離三界，應該是採取只顧耕耘，不問收穫的態度。

畏懼披毛戴角還的人，他是不敢修行的。鼓吹此生不了道，就要披毛戴角還的人，一定不是正信的佛教徒，更不能體認到大乘佛法的襟懷。這種觀念阻止許多人出家修行，也使許多已經出家的人感到沮喪和失望，更使得許多出家人變成自私自利，急於自了，不能夠產生利益眾生、淨化社會的願望，所以，佛教被人指為消極、逃避、悲觀。最初這種「此生不了道，披毛戴角還」的觀念，本不出於佛教，乃是出於破壞三寶的陰謀。因為即使在佛世，也沒有要求所有的出家僧眾必須即身成就，因此，正常的佛道，是不戀生死，也不畏生死的。

前面所說有心破壞佛教的齋教徒們，自己不出家，故說道降火宅，而不降僧中，出家修道也不得道，既不得道而受信施，當然要變做牛馬來還債了。其實出家僧尼的生活，多較常人清苦，照顧信徒，服務寺廟，而取得微分的生活所需，還要他們來生變成牛馬抵償嗎？除了站在敵視僧尼的立場之外，對此說法，實在找不出更好的理論根據。故也可說，這跟「地獄門前僧道多」的流言，同樣地惡毒！事實上，佛在世時，制定比丘托鉢，稱為「化緣」，以托鉢的形象，與在家的信眾接觸，並為他們祝願，就是代佛宣化，就是報答信施。出家的形象本身就能使人產生離欲、離苦的作用，何況再用佛法化導，其功德豈能與用勞力生產來求取生活所需的方式同日而語。

以宗教的立場而言，縱然出家人住於寺院而不與世俗接觸，也未能即身成就，只要每日課誦不斷，為社會、國家、人類、世界眾生的幸福祝願，已經功德無量。所以在《出家功德經》裡說，一天出家也有無限的功德，何況是發了終生出家的弘願之人，因此，出家修行是多生多劫的事，不是臨渴掘井式的急就行為，沒有必要在一生之中急求自了。

如果此生不了生死，尚有兩條路可走：一是以彌陀的本誓願力，求生西方；一是以自己的願力，累劫修行。只要信心堅固，願力不退，就可保證在修行的道上，一路前進，縱然由於初發心的緣故，有時會信心不足、願心無力、修行不得要領，只要發願修行，嚮往出離，出家也比在家牽掛更少，障礙更小。縱然不能夠保證未來生中永不墮三塗惡道，也不會比在家身分者墮落的機會更多。

「地獄門前僧道多」是真的嗎？

地獄思想，在釋迦世尊出生以前的印度就有了，而在佛教傳入之前的中國，也已有了人死之後下黃泉的說法。西方的基督教，也提到關於世界末日之時，不信基督，特別是不被基督寵愛的人，即入煉獄的情形。可見，地獄思想是人類宗教的共同信仰。不過對於地獄的描述和看法，因了地域、時代及文化背景的不同，而頗不一致。此由於各民族、各宗教的信念互異，所見地獄的景象也不一樣，在某一宗教認為可生天堂的人，在另一宗教竟又是要把他們收到地獄裡去。

印度佛經裡所說的地獄，有八寒地獄、八熱地獄，各有十六遊增地獄。八寒、八熱為根本地獄，十六遊增稱為近邊地獄。尚有處於山間、樹下、空中的孤獨地獄，另有十八地獄之名。

佛教對於地獄的描述，初見於《雜阿含經》卷四十八，謂有大火赤紅的地獄。其詳細的分別敘述，乃見於《長阿含經》卷十九、《立世阿毘曇論》、《雜阿毘曇心論》、《大毘婆沙論》、《俱舍論》、《涅槃經》、《瑜伽師地論》、《大智度論》等。

中國民間相信人死之後，經過十殿閻王的審理問案，每一殿都設置不同的地獄和刑罰。此在印度傳來的佛經中並無根據，而是出於中國民間傳說的《十王經》，據說是由成都大聖慈寺的藏川傳出；道教也傳有十殿之說，並有一百三十八所地獄。類此信仰的源流，總不外乎出於感夢、扶乩、降靈、死而復活者等所輾轉流布，其閻王之名雖淵源於早期印度的《梨俱吠陀》，但他是住於天上，是司理死亡的神，漸漸地，閻王降住地府。至於衍生出十殿之說，乃是後期中國人的信仰了，此與君主時代的司法程序有關，各級首長，兼理各級法院的職責，十殿閻王問案，一如人間的知縣、知府、尚書，乃至皇上親審。所見地獄景象，也以各人所熟悉的人間環境為樣本，中國古人所知的地獄中，沒有非洲的黑人及歐美的白人。由於時、地、風俗、信仰的不同，所見地獄也不同，佛說：「三界唯心，萬法唯識。」地獄在眾生心內，實有其事，又不必盡同，既不可否定地獄的存在，也不必拘泥、執著於諸種有關地獄傳說的必然。

佛經中敍述到墮地獄的例子也不少，早期是指犯了殺父、殺母、殺阿羅漢、出佛身血、破和合僧的五逆罪者，會墮地獄，例如佛的堂弟提婆達多及其伴黨，墮入地獄，漸漸演變成為凡是做錯了事，不論輕重，都要下地獄之說。而在比丘及比丘尼律所見犯戒、破戒的過失，僅有數條極重過失為不可悔。所謂不可悔，是指失去戒體而被逐出僧團，再受國法死刑的制裁者；可悔則有對眾人、對數人、對一人懺悔，及對自己良心的責心懺悔。而僧尼律中處處都說：「犯過者當懺悔，懺悔則安樂。」又有說：「有戒可破是菩薩，無戒可犯是外道。」並沒有強調凡是破戒便入地獄的觀念。

罪過又可分成戒罪和性罪，所謂性罪，是指造惡行為的本身就是罪，不論受戒不受戒，犯了過必須受報；戒罪則是在受戒之後，增加持戒功德，倘若犯戒，便在性罪之外另加戒罪。所謂戒罪者，是指持戒有功德，犯戒有罪報，持戒是對一切眾生，所以功德無量；犯戒只能對少數眾生，所以破戒的罪過再大也不及持戒的功德之多。

受戒有約束的功能，悔過有洗心的功能。罪有輕重，犯了極重的戒罪及性罪者下地獄，其他的輕罪，則隨類受報，生於人、鬼、異類群中，都有受報的機會。由此可知作惡、犯戒未必全下地獄。雖有一部晚出的《目連問經》，強調事事都可能下地獄，這在早期的《阿含經》及律中尚沒有見過，否則易於使人誤會：不信佛不學佛還不至於下地獄，信佛學佛後反而容易下地獄，那還有多少人敢來信仰佛教而學佛修行呢？

所謂「地獄門前僧道多」這句話，既非佛家語，也非道家語，而是在明朝之後，從一些齋教的乩壇、靈媒的口中傳出。齋教徒眾都是在家人，他們剽竊儒、釋、道三家的若干名詞和觀念，似是而非地組成新興宗教和祕密結社之民間信仰，因為他們是在家人的宗教組識，所以，在排斥他教及吸收信徒的利益衝突之下，不得不跟出家的僧侶及道士，採取敵視對立的態度，因而傳出「道降火宅」的口號，鼓吹俗人修行容易生天得道，渲染捏造出家修道者的困難、黑暗、腐敗，宣揚僧道都下地獄的觀念。他們在通過市井間的口耳相傳，便成了一句「地獄門前僧道多」的流行語，既可醜化僧道的形象，也可嚇阻優秀的俗人出家為僧道。然其既非出於佛經，自可不必介意。不過必須指出，這句口號乃是出於齋教徒的杜撰故事，目的是為了侮辱佛、道二教。

像民國九年（西元一九二〇年）雲南昆明西邊洱源縣的幾個齋教乩壇所著的《洞冥寶記》中，就極力指控僧侶不守清規，捏造和尚墮地獄、受刑罰的故事。此見於中央研究院的某位研究員為一貫道護航而寫的《天道鉤沉》三十頁。該研究員雖未承認是一貫道的信徒，而該書凡是涉及佛教的和尚之處，便採攻擊、辱罵、尖酸刻薄的態度，否定出家修行者的道德價值，而一味地引述強調在家齋教徒如先天、龍華、一貫道等所謂道親之間的利樂，雖然引用了不少資料，但都缺少理性的抉擇，乃是出於一種情結的表現。從他的那本書中，可以領略到傳教師的狂熱氣燄，卻無法想像他是一位中央研究院的學者。

須知：凡有人事，就有弊端，僧中難保沒有破戒、犯戒的人，釋迦制戒就是為了防範、制裁、處理這些事件。儒家說：「人非聖賢，孰能無過。」出家的凡夫，在未修成聖賢之前的修學階段，因為不清淨，所以要求戒，受戒是修行的起點，跌倒了再爬起來，犯了戒再懺悔，乃是正常的事。齋教徒們，自己不願受出家戒的約束，反而詆毀出家人持戒不嚴，並且誇張出家人的犯戒罪行，其存心是顯而易見的。

「學佛愈久，離佛愈遠」是真的嗎？

經常聽說：「信佛三天，佛在眼前；信佛三年，佛在西天。」這似乎表示，學佛愈久，離佛愈遠是肯定的事實。其實這是對佛教的一種誤解，認為「放下屠刀，立地成佛」，就等於完成了究竟圓滿的佛果，也就是說，只要心回意轉，馬上就可以花開見佛，或者立即成佛。而一旦信佛並開始學佛之後，才知道成佛並不是那麼容易的事。

事實上，學佛之道可分為兩種：一種叫作難行道，從初發菩薩心，到修行自利利他、難忍能忍的菩薩道，要經過三大阿僧祇劫，才能完成佛道。另一種稱為易行道，要學念阿彌陀佛聖號，憑藉佛的本願力，先求往生西方淨土，經過長時間的熏聞，證得聖位的菩薩之後，再以自己的願力，回到世俗的凡夫群中，廣度有緣的眾生，積聚智慧與福德資糧，直至功行圓滿，方能成佛。所以學佛愈久，知道佛法愈深，才了解從凡夫到成佛的路程是相當遙遠的。

因此，所謂「放下屠刀，立地成佛」，意指在逐漸地成就佛之功德的開始，亦即指完成了自己能夠成佛，也必將成佛的第一步。認同眾生與佛本來一體，無二無別，只是在迷為眾生，悟即為佛，並不是說，當我們承認自己有成佛的可能之時，就已同時完成了佛的福德和智慧。

也有一種情況是，學佛之初勇猛精進，覺得佛果指日可期，而且他們也的確能夠重重突破，似乎煩惱迅速消除，智慧速疾增長；但是日久之後，仍然覺得煩惱未除，反而感受到障礙重重，業障、魔障、病障層出不窮。如此一來，可能有兩種結果：知道了學佛成佛不是一朝一日或一生一世的事，乃是多生多劫不斷修行的事，所以不再急於成佛，而能改採腳踏實地、逐步前進的心態，甚至抱持不問收穫，但自耕耘的態度，努力修學。另一種則是對於佛法失去信心，認為開悟成佛之說，只是一種觀念或理想，解脫煩惱，轉凡成聖，乃係不可能的事，所以放棄修行，或者改信其他宗教，以期獲得另一種方式的歸宿。

綜合以上諸種情況，可得一個結論：「學佛愈久，離佛愈遠」的問題，是基於「斷煩惱、證菩提」的觀念而起。如能體會到無求、無得，方證無上的佛道，但以佛法用之於現實人間的日常生活，即能解除許多矛盾的心結或情結。若不急求斷煩惱證菩提，煩惱自然已在減少，那樣的話，不僅不會感到學佛愈久離佛愈遠，而且會使你突然發現，佛就在你的眼前。只要自心與佛的慈悲與智慧相應，自心即是佛的全體大用。因此，《宗鏡錄》的作者永明延壽禪師主張「一念相應一念成佛」、「念念相應念念成佛」。若將佛的慈悲與智慧，應用於日常生活，而不急求了生死證涅槃，豈會產生「學佛愈久，離佛愈遠」的誤解？

卍字是什麼意思？

卍字是佛的三十二種大人相之一。據《長阿含經》說，它是第十六種大人相，位在佛的胸前。又在《大薩遮尼乾子所說經》卷六，說是釋迦世尊的第八十種好相，位於胸前。在《十地經論》第十二卷說，釋迦菩薩在未成佛時，胸臆間即有功德莊嚴金剛卍字相。這就是一般所說的胸臆功德相。但是在《方廣大莊嚴經》卷三，說佛的頭髮也有五個卍字相。在《有部毘奈耶雜事》第二十九卷，說佛的腰間也有卍字相。「卍」僅是符號，而不是文字。它是表示吉祥無比，稱為吉祥海雲，又稱吉祥喜旋。因此，在《大般若經》第三百八十一卷說：佛的手足及胸臆之前都有吉祥喜旋，以表佛的功德。

卍字的符號，有向右旋——卐；有向左旋——卍。根據《慧琳音義》第二十一卷、《慧苑音義》及《華嚴經》等，總共有十七處說到卍字相是右旋。但是《陀羅尼集經》第十卷所示摩利支天像所拿的扇子中，所畫的卍字相乃是左旋——卍。還有日本奈良的藥師寺的藥師佛像腳下的卍字相，也是左旋，但是多數的記載是右旋。最早在印度教的主神，如毘濕笯及克利辛那，胸前就有卍字相。在古印度的傳說，凡能統治世界的轉輪聖王，皆具有三十二種大人相；佛是法中之聖王，所以也具三十二種大人相，此在《金剛經》中就有記載。

在近代，右旋或左旋，時有爭論。而大多數都認為右旋是對的，左旋是錯的。尤其是在二十世紀的四十年代，歐洲的希特勒，也使用卍字相來作為他納粹主義的標幟。此後，即有更多的爭論，有的說希特勒所用的是左旋，佛教所用的是右旋。其實在唐朝的則天武后時代，曾經創造了一個字——卍，念作「日」字，象徵太陽的意思，就是左旋；希特勒使用的是斜角形的卐，佛教則是正方形的卍。至於印度教則以右旋表示男性的神，左旋表示女性的神。而西藏的喇嘛教用右旋，苯教（Bon-po）則用左旋。根據日本國士館大學光嶌督博士的研究，卍字本非文字，西元前八世紀時始見於婆羅門教的記載，乃是主神毘濕笯的胸毛，是稱為 vatsa 的記號而非文字，至西元前三世紀始被用於佛典。到了西元後一世紀時，又更名為 svástika，本為牛犢頭部的毛髮螺旋相，演變成主神毘濕笯的胸毛相，後成為十六種大人相之一，又成為三十二種大人相之一。

總之，在佛教不論右旋、左旋，卍字均係用來表徵佛的智慧與慈悲無限。旋迴表示佛力的無限運作，向四方無限地延伸、無盡地展現，無休無止地救濟十方無量的眾生。故亦無須執著、揣摩卍字形相的表現是右旋或左旋了。

蓮花在佛教表示什麼？

在佛經中說，人間的蓮花不出數十瓣，天上的蓮花不出數百瓣，淨土的蓮花千瓣以上。蓮花表示由煩惱而至清淨，因為它生長於汙泥，綻開於水面，有出汙泥而不染的深一層涵義。而蓮花除了蓮瓣，還有蓮蓬、蓮子，蓮瓣、蓮蓬可觀賞，蓮子可食用；蓮子又可生長，栽培更多的蓮花。蓮花開放於炎熱夏季的水中，炎熱表示煩惱，水表示清涼，也就是在煩惱的人間，帶來清涼的境界，這都是蓮花所表徵的美德。所以，比喻從煩惱得到解脫而生於佛國淨土的人，都是蓮花化生的。

三界的眾生，以淫欲而托生，淨土的聖人，則是以蓮花而化生，因此，蓮花表示清淨的功德和清涼的智慧。對於聖人而言，是無形的，顯現於凡夫之前，便以人間所熟悉的形象來表現。所以，我們所見的佛像和佛經中介紹淨土佛國中的聖賢，都是以蓮花為座；或坐、或站，都在蓮台之上，是代表著他們清淨的法身，莊嚴的報身。

燃頂、燃臂、燃指有必要嗎？

根據原始佛典以及比丘戒律，凡是損毀、傷害、虐待自己的肉體，均非佛所允許。至於印度苦行的外道，用火、用水、用刀，以及種種自虐方式，使自己的肉體受苦，作為修行的方法，目的是為自己贖罪而求得神的寬恕。其起源可能跟用動物乃至生人祭神有關，神類喜歡血食，以生肉供養是表示最高的虔誠。然而，即使用苦行能達到某些目的，卻不是佛教修行的方法和方式。所以，比丘戒規定，凡四肢殘缺五官不全者，不得受比丘戒。

可是，在大乘經典中，就有燃頂、燃臂、燃指的記載。例如《梵網經》輕垢戒第十六條說：「若不燒身臂指供養諸佛，非出家菩薩。」又在《法華經》的〈藥王菩薩本事品〉，也有燃身供佛的記載，其中說：「若有發心，欲得阿耨多羅三藐三菩提者，能燃手指，乃至足一指，供養佛塔，勝以國城妻子，及三千大千國土、山林河池、諸珍寶物，而供養者。」大乘的苦行，是由釋迦牟尼佛的因地修行的方式而來，他在往昔修行菩薩道時，曾做種種的捨身供養及救生供養。比如他曾經為了向羅剎惡鬼求得一偈，而不惜投身相餵；又曾在雪地見到餓虎，因缺食物，幾隻幼虎也將餓死，所以投身飼虎。這是基於「難行能行，難忍能忍」的菩薩精神而倡導苦行。

苦行的本身跟神教所修的苦行不同，也和以生人血食祭神的意義不同，在中國的《高僧傳》中，有〈忘身篇〉及〈遺身篇〉，專門蒐集捨身修行的高僧事例。千古艱難唯一死，人無不愛惜自己的身命，若能以身相捨或用火燒身，那是需要很大的決心和忍苦耐心的。

但是，正常的修行法是以人的行為為標準，以人間的倫理思想為基礎，若有違背常情常理的行為，便不是常人所能用而當用的，否則會使自己產生更大的煩惱，並且招致他人的物議。修行應根據原始佛教的精神，以人間身修行，佛法應是普遍大眾都能接受的修行方法；如果強調特殊的菩薩行，而忽略了人間性、人類的共同性以及社會的普遍性，那就很難產生普化世間的功能，至多只讓人評為奇行和異行而已。如此即使能夠博取若干人的尊敬，也不能達到佛法普及化的效果。

燃指焚身的例子，在近代有八指頭陀敬安禪師燃掉兩指；在越南有廣德焚身；在臺灣也有某法師燃去一指，其目的都是為了某一樁心願。這些行為者的存心和勇氣值得讚歎，但是我們不應效法，否則就偏離了佛法住世的正途。

至於燃頂雖有根據，出家人受戒燒戒疤則沒有出典可察，而且也為時不久。在佛教流行地區，不論南傳、北傳，除了中國之外，沒有一個國家有此習俗。在明末清初之前的中國，也沒有這樣的風氣。而大陸在文革之後，恢復傳授三壇大戒，也廢止了這項規定。只有臺灣還在新戒頭頂燒香疤，然而這大概也燒不了多久了，所以我們不必提它。至於頭上燙十二個、九個、六個、三個，乃至一個香疤，都沒有多大意義，只能說，燙得愈多，表示發心愈誠；如果是出於戒師們的硬性規定，那跟發心者本人的願心無關。所以，我極不贊成戒師規定燒戒疤。

在家學佛與出家學佛的不同在哪裡？

居士能夠說皈依嗎？居士可以講經嗎？居士可以化緣嗎？居士可以主持寺院嗎？居士能為信徒念經拜懺超度嗎？居士能夠參與和干涉出家人的事務嗎？

以上六個問題常有人問起。照理說，那些都是出家僧眾的分內事，非居士所當做，萬一做了，即失去在家學佛的立場；否則應現出家相，不該一方面捨不得離俗出家，另一方面又要模仿出家生活，享受出家人的權利，這不是在家學佛的本意。在家學佛是為了獲得佛法的利益而學佛修行，護持三寶，是三寶的外護，不是三寶的核心。

然而，時代變了，出家人少了，需要佛法和佛事的人數卻增多了。在沒有出家人或很少出家人的地方，也允許在家居士代說三皈。三皈的本意是恭敬皈命佛、法、僧三寶，其是以僧寶來說三皈，不是在家居士說三皈，皈依僧寶也不是指皈依在家居士。我曾寫過一篇短文〈僧伽未必是僧寶〉，收在《明日的佛教》一書中，其中對三皈對象的僧寶，就有很詳細的說明。

總之，居士雖不可越俎代庖，自稱皈依師，但他們可以在無人說法處及無人說法的時地，代替僧寶中的某一位大德法師說三皈。不過，對一般眾生，如種種動物，其不論死活，任何佛教徒都可隨時為之說三皈，使眾生普種善根，作為未來得度之因。

至於講經說法，在佛世就有居士代佛說法的例子，甚至也有長者居士代佛為僧眾講授法義。如大乘經中，就有維摩詰居士說法，勝鬘夫人也有說法的記載，因此，居士說法應該沒有問題。依古來慣例，居士不得以說法來賺取生活費用，是因為居士有他自己一定的謀生方式，不靠講經說法維生。但是，目前這個時代一切講求專業，弘法也須專業化。如果居士以弘揚佛法為專業，應該酌量收取報酬，作為養家活口的生活之資和交通所需。然而，若以講經說法為斂財手段，大受供養，漫無限制，那就不是學佛的居士應有的心態了。除此之外，今日或明日的居士，若為佛教的文化教育及行政工作做專業性的服務，也應該接受適量的待遇以維持家計。

至於化緣，其本意是讓沒有接觸過佛法的人有接觸佛法的機會，所以比丘要沿門托缽乞化善緣，原來目的不在飲食，而在種植信佛學法的善根。現代人提到化緣就聯想到向人要錢，這並非佛法的本意。當然，透過乞化而使在家人布施，雙方都得實益，不過不能本末倒置，不能表面給人佛法而目的在於要錢。現今化緣多半是為建築寺院，很少是為了個人生活，也有一些是團體和寺院乃至個人，為了舉辦、促成某一種文化教育慈善事業而產生，比如印經、辦學校、建醫院、孤兒院、老人院等，面對此等活動，出家人應該做，居士們當然也應該做。

中國近代史上有一位乞丐教育家武訓，就是以要飯來辦學，這是值得鼓勵的。因此，居士化緣，但問其目的何在，不是可以或不可以的問題。若為擁護三寶，當然可以；若為社會福利，同樣可以；但若為購買私人住宅而假借佛堂、寺院之名，來營個人私利、圖個人享受，那就是違背因果的。

寺院，《法華經》稱之為塔廟，原本是用來供佛的舍利，後來才作為珍藏佛的法寶。在有佛有法之處，一定有僧人照顧，所以在塔廟的旁邊有僧房，這就完成了住持三寶的形象。俗人親近三寶，若住於寺院，稱為近住，其目的是學習出家的威儀及修行的生活，並且為僧伽大眾服勞役，稱為耕種福田。

佛典中尚無居士主持寺院的成例，但是近世以來，日本的佛教以在家居士為中心，他們住於寺院，生兒育女，代代相傳，是職業的宗教師家族，和一般的在家居士不相同。另外，像民初的楊仁山、歐陽竟無、韓清淨，都是以居士身而主持佛教教育和文化事業的。他們都有道場，但不以寺院稱之，比如祇園精舍、金陵刻經處、支那內學院、三時學會等。

因此，近代不乏名居士主持各類道場的例子，都是用精舍、學會、學院、蓮社、居士林、居士會等等名稱，不曾用過寺院的名目。如果居士一定要主持寺院，那可能是密教在家派的喇嘛，或是神道教的廟祝，而不是住持。因為寺院的住持是代表住持三寶，居士既非三寶之一的僧寶，怎能當住持？名實不符，是違背佛教倫理的。

凡是佛教徒都應該念經拜懺。佛教既然鼓勵生前結社共修，死後也當有同修的助念超度。因此，居士當然可以替人助念，為人超度。不過，問題在於若干在俗之士以為人誦經拜懺超度亡靈為專門職業，如先天、龍華、一貫道等齋教就有這種情形。他們平時不敬僧寶，一旦有人過世需要超度，就出現專為亡靈超度的齋公齋婆，且學僧尼常用的經懺佛事到處趕場。他們既是職業性的誦經團、拜懺隊，當然就不免論工計酬，然這種現象是佛法所不許的。

也有人問，居士能否使用法器敲打唱念？這應該不是問題，只要是用來誦經拜懺、修行佛教儀軌，而不是作為賺錢謀生的途徑，就沒什麼不可。問題是，學會法器的敲打唱念之後，很可能被人東邀西請，忙得不可開交，以至捨棄了自己的本行職業而把經懺佛事當成專業，這是必須防止的事。在家居士的謀生方式有很多，若用修行的方法謀生，雖不會餓死，也不會大富，正信的居士何必要下海去趕經懺？

至於出家人的事務，所謂僧事僧管僧了，居士不得參與，更不可干涉；這就好比你不是某團體的成員而去干涉該團體的事務一樣，參與已屬不可，何況干涉？所謂僧事，是指出家人的生活、威儀、戒律的清淨與否以及僧眾之間的相互摩擦等，居士如果過問，就像自己不是軍人身分而走入軍營去論斷軍紀，或處理軍人的事務。

出家人本為一體，因為是凡夫，所以他們之間可能有矛盾。但是僧無隔宿之怨，更無不共戴天之仇，小小摩擦轉眼即了，所以往往以不了了之的方式來處理僧眾的瑣事。如果居士插足進去，反而使得事情擴大，而且口舌更多。所以居士進入寺院，只需熱心護持，不可幫一個說一個，談論是非，製造糾紛。常言說，不看僧面看佛面，你是為信佛、學佛、護持三寶而親近寺院，故不要因為見到你所不順眼的僧眾現象而生譏嫌，自尋煩惱。

以出家僧眾為佛教重心的傳統能繼續維持嗎？

這的確是一個非常尖銳的問題。

佛教從印度到中國，乃至到韓國、日本和越南，兩千五、六百年來，沒有發生過這個問題。但是在一百年前，日本佛教由於明治天皇時代實行維新政策，並且為了增加人口，以從事對外擴張，所以對於佛教的出家僧眾，用種種的壓力，使他們娶妻吃肉，從此之後，日本佛教漸漸轉變為在家人住持寺院的風氣。因為他們是專業的寺院經營者，所以仍被視為僧侶。到了二次大戰之後，韓國也出現了在家的佛教教團，迄今為止，韓國就有出家和在家兩派共存而不互容的事實。我們中國以及香港、星馬和北美地區，也漸漸有了獨立的居士佛教組織。他們雖不反對出家僧團，也不一定作為出家僧團的外護者。當然，由於一向的標準觀念，居士不能代表僧寶，所以還沒有人以居士的身分，名目張膽地接受信徒的皈依。然而，這種現象還能夠維持多久而不變質？這需視出家僧團弘法力量的強弱，以及人才人數之多寡而決定。如果僧中無人才，無能領導四眾的弟子，則中國佛教轉為以在家居士為中心的時日不會太遠。

在佛的時代，以及佛涅槃後幾百年中，僧中龍象輩出，在家居士依止僧眾修學佛法是正規現象。到了大乘佛教抬頭之時，就有以在家居士為中心的觀念出現，比如《維摩經》的維摩詰居士，就是最好的例子。中國在明末之後，居士佛教也漸漸抬頭。民國初年以來，居士的人才也出了不少，甚至印光大師多以居士為攝化對象。想其目的，也在於與其讓居士脫離僧眾，不如以一代大師的身分，專門攝化他們為三寶弟子。今後的僧眾是否能夠維持傳統的地位，要看僧眾之中是否有人能夠感化居士，攝皈其為三寶弟子。

據我所知，今日有不少的大德居士，雖然也學佛，但不請求僧眾舉行皈依三寶的儀式。因為在《六祖壇經》裡言：「若欲修行，在家亦得，不由在寺。在家能行，如東方人心善；在寺不修，如西方人心惡。但心清淨，即是自性西方。」致使一般自視較高的居士，不願向僧眾稽首頂禮，自稱弟子。另外，根據淨土教典，往生西方不一定要以皈依三寶作為條件，雖然《觀無量壽經》主張中上品以上者需要受持三皈依，具足眾戒，但是中品下生、下品上生、下品中生、下品下生，沒有規定要受三皈，只要臨命終時，懇切持念阿彌陀佛名號即可。

當然，中國是以儒家文化思想為正統的形式，歷數千年而未嘗衰竭。信佛而崇儒，或崇儒而信佛，都是抱著和僧眾為方外交的態度，雖然曾經有過皇帝、皇太子、宰相、大臣，如梁武帝、則天武后、唐宣宗、張商英等，對大德高僧執弟子禮，但總是少數。因此，歷來中國佛教信徒雖然很多，真正皈依三寶，稱為三寶弟子的比例卻不多。佛教主張依法不依人，教團以三寶為中心，不以特定的個人為對象。但是中國人一向持有「人能弘道，非道弘人」的觀念，以人為重，以法為輕，若有學行俱優、智慧與慈悲並重於世的高僧出現，自然形成以僧寶為佛教中心的局面。

不過，今後的情況可能更為艱鉅。因為面臨科學文明、民主思潮、自由情執，要使僧眾受到廣大群眾的擁護與皈敬，必須提出相等的努力和代價。其實，是不是能夠保持僧寶為佛教的重心，應該不是問題。如果重視僧才的培養、儲蓄和適當的應用，僧眾因為沒有家室之累及世務之縛，無論在學問和修持，智力和悲願，平均應該優於在家居士。我們不必為將來誰是佛教的重心而爭論、擔心，但看我們僧眾對未來社會的前瞻和因應，能否掌握住不變隨緣的方向而定。

未來的社會還有人出家嗎？

上一條舉出《六祖壇經》及《維摩經》的例子，可見在家也能修行，修行不一定要出家。由於社會環境的變遷，人類生活方式的轉變，想要出家和能夠出家的人，必然愈來愈少。現在，可以有幾千幾萬個人共同工作的工廠和公司，卻很難見到幾百幾千人的出家僧團再現。因為工廠等工作場所的從業人員，都有他們各人的家，家庭生活和工作環境是分開的，在緊張、激烈或單調的工作之餘，尚有他們休閒、娛樂等的享受。出家的僧團則不同，從朝至暮，從天黑至天明，日復一日，年復一年，都是生活在清苦、單調、規律、精進、不放逸的狀態中，除非具有深厚善根、堅忍毅力和宏大願力者，否則很不容易適應。

過去，出家的僧眾住於深山大澤的叢林之中，不易受到物質世界的誘惑。而今天較大的寺院，都成了觀光勝地，寺院的僧侶，不得不和來自各方善男信女，以及觀光的旅客有所接觸；為了經營寺院，弘揚佛法，也不得不深入民間。因此影響到出家人修道生活的寧靜和清淨，除僧相、茹素、不結婚和沒有個人財產之外，幾乎和在家人相似。所以一般根器的人，如果不遇到大善知識的提攜、勉勵，很難自動發心出家，出家之後，也很難至死不渝。

當然，三世諸佛成佛，都是現出家大比丘相。歷史上的羅漢，不論男女，都是出家相，古代各宗祖師，絕對多數也是現出家相的。因為出家的生活方式，依據戒律而住，自然而然可以免除許多的困擾與牽累。對個人而言，能夠專精於佛法的修學與福慧的增長；對社會大眾而言，可以心無旁顧，全心投入，奉獻出自己身心的全部，為佛法的弘揚，對眾生的救濟，做最大的努力，雖在不休不息的自利利他的生活中，依然可以感受到無牽無掛、自由自在的樂趣。他們不需為明日擔憂，不需為出路鑽營，他們的生活就是他們的安身立命之處。

因此，只要正統、正信的佛法存在一天，出家之門就永遠敞開，出家的路，還是有人走的。縱使不再出現幾百幾千人的長期共住同修的現象，出家人的蹤跡還是不會斷。當然，如何在未來社會開發出家生活的環境，需要用我們的智慧做深遠的考慮與策畫。但是，只要有人以大悲願心發心出家，他們就會在任何艱難的情況下，披荊斬棘，走出他們的康莊大道。

佛教對於女性地位的看法如何？

佛教稱女性為女眾，有關女眾的地位，常被討論的例子，是「八敬法」。依「八敬法」女眾不能獨立，必須仰靠男眾，不能和男眾共住，也不能離開男眾太遠而住；必須要請男眾的長老上座，每半個月為女眾說法教誡，女眾不能直接在尼僧中受戒，必須通過男眾的證明；比丘尼雖然受戒一百年，還要禮拜新受比丘戒的男眾。因此，到今天為止，女眾在佛教之中，始終沒有地位，特別在斯里蘭卡、緬甸、泰國等上座部的區域，甚至於不許女眾成為比丘尼，只能夠成為過出家生活而無法受出家戒的清修女。

可是今天有西方的女眾加入佛教的僧團之後，她們已在大聲疾呼，而且要求男女平等的權利。她們在東方覺得女性沒有地位，回到西方的社會，出家的佛教女性，生活的困難更多，這是一個奇特的現象。因為到西方傳佛法的還是以男眾為主流，男眾並沒有一定要歧視女眾，可是佛教的傳統，如何來突破，這是關鍵所在。

今天在西方的美國，有一群佛教的女眾，出版了一份季刊，叫*Kahawai*的雜誌，它的副題是Journal of Women and Zen（女人與禪），已經出到第九卷。在斯里蘭卡，也有一群女眾發心，出版了一種每月通訊，名稱叫作*Parappvdwa*，副題是Nuns Island（尼眾島），已經出到第四卷。其出刊宗旨乃在提高女性在佛教中的地位，以達到男女平等的目的。另一九八七年二月中旬，在印度的菩提伽耶，也召開了歷史性的世界比丘尼大會。

一九八七年三月在臺灣出版的《當代》雜誌第十一期，古正美博士寫了〈佛教與女性歧視〉專論，說明佛教的女性歧視是出於上座系化地部，例如「八敬法」和「女人有五障」，都是化地部所強調的。所謂五障，就是女性不能成佛、不能為魔王、不能為天帝釋、不能為梵王、不能為轉輪聖王。此證明晚期的大眾部、一切有部及初期的大乘空系，對這種觀念持有異論。屬於一切有部的《佛說龍施女經》，便反對女人的五種障礙說，指出《增一阿含》卷二十二及卷五十，所敘述的女人如佛的姨母大愛道、須摩提等，不但信心十足，而且還以做女人為光榮。空系大乘的《道行般若經》，強烈反對轉女身為男身而後成佛的理論。嗣後，《維摩經》、《順權方便經》、《諸佛要集經》、《阿闍貰王女阿術達菩薩經》、《大淨法門經》、《寶女所問經》、《佛說須摩提菩薩經》及《佛說無垢賢女經》等，都有申張男女無差別論的作用。

事實上，考察佛陀時代的男女觀，應該從重視於基本的平等著眼，如羅漢的果位是不分男女的，修學佛法也是男女平等的，佛說一切眾生都有成佛的可能，何況是女性。所謂「佛」就是徹底的解脫者、圓滿的智者和無上的濟世者，男性可以做到，女性當然也不例外。不過，從女性的生理和心理的考察，我們不能否認，一般女性是比一般男性來得脆弱、優柔且倚賴性重些。所以為了保護女眾修道生活的安全，鼓勵女眾成為佛門龍象，男眾應該多盡一分心力協助女眾，但這並不等於高壓、歧視。如對大比丘尼——佛的姨母婆闍波提（即大愛道），比丘大眾誰說不敬？在經律中提到，女性是誘發比丘情欲和貪欲的根源，為了防止欲火中燒，故對比丘們說女身不淨，以女身為對象而修不淨觀。這是在修持過程中，所採的方法及防範措施，未必表示對女性的歧視。

女性之中，也有女中丈夫、巾幗英雄，可是終究沒有男性的偉人那麼普遍。近代世界高唱男女平等、保障女權，但其效果並不如何地顯著。今天全世界一百六、七十個國家之中，女性而成為國家元首的，在數十年來，曾有以色列的梅爾夫人、印度的甘地夫人、英國柴契爾夫人、菲律賓艾奎諾夫人，還有，斯里蘭卡也出過一位女性的總統。成為宗教領袖，而為世界知名的，出現過德蕾莎修女，她得到過一九七九年的諾貝爾和平獎。在工商界，據一九八七年五月份的《富比士》（*Forbes*）雜誌的統計，一九八七年美國已有股票上市的八百家公司的首席行政主管中，僅有三位是女性，而我們知道，世界男女人口的比例，幾乎是相等的。為什麼知名的傑出女性人數，較男性少了許多？問題是由於傳統的女性多因照管家庭而成為幕後英雄，但女性本身有著與生俱來的弱點，亦是事實。

我們不要強調佛教男女兩性的絕對平等或不平等，應該接受佛的教示，所謂「法住法位」，各有其立場的本位，各守其分，各盡其責，彼此尊重，互相協助。如果遇到男女四眾（比丘、比丘尼、優婆塞、優婆夷）共同集會的場合，當視會議的性質安排席位，有代表性以及有職位上之重要性的女性，應該和男性共同列席於平等的地位。如果是普通一般的儀式場合，男眾和女眾應該分區而坐。

我另外還有幾篇同類的文章，請參考《律制生活》所收〈比丘尼與八敬法〉、〈關於女尼的稱呼〉及〈佛教的男女觀〉；《學佛知津》所收〈今後佛教的女眾問題〉。

佛教對神祕現象的看法如何？

神祕現象不一定是宗教才有，不信宗教的人也會發生，只不過他們把神祕現象當作幻覺來處理。至於一般人對於鬼神的現象，仍非常迷惑而不可知、不可捉摸，認為其無，實際是有；認為其有，難得採證。至於宗教徒，不論是什麼層次，只要信之虔誠，行之得法，都會有或多或少的感應和通靈的經驗發生，從佛教的立場而言，從來也不否定，可是並不重視。

如果有人有了少許的神祕感應，就以為是得了神通或以為是佛菩薩的顯聖，那是不正確的。佛與菩薩有應而無相，無相而有力，那就是隨機應化的感應作用。但是他們不會採取一定的模式和特定的人作為他們的使者和代表，神應無方，感而遂通，怎麼可能有特定的人作為佛菩薩的代表？雖然有佛菩薩的力量通過不同的人及物而表現，此人此物亦不可自視為佛菩薩的自身。

假如有人，不論僧俗、不論佛教徒或外道徒眾，自稱是佛菩薩的化身，他若不是想以大妄語來博取利養、恭敬、妄自尊大的名位，就是鬼神、外魔附身、顯異惑眾。他們雖然也有若干百分比的靈驗，但於信仰者的禍福無補，所以，正信的佛教徒不該表現這種身分，也不得信賴表現這種現象的人。

從佛教的史傳所見，只有釋迦世尊是佛，尚沒有第二人自稱是佛的例子。如果自稱是佛，不論是佛的什麼身，都是大妄語，要不便是鬼神附身的現象。表面看，他們是行道救人，事實上是惑亂人心，鼓勵社會大眾不從事實際的努力，只求倖致的福佑。

至於菩薩也是一樣，歷史上的菩薩，在佛的時候，只有彌勒，說他是在五十六億七千萬年之後，在此世界第二位成佛。其他如觀音、文殊、普賢、地藏等並非歷史人物，而是由佛介紹而知的大菩薩。另外如馬鳴、龍樹、無著、世親等印度的大乘論師，也是後人依據他們的大乘言行，尊敬他們為菩薩。又如中國的天台智者大師，被後人稱為東土小釋迦，但他自稱尚是信位的凡夫；永明延壽禪師，被稱是阿彌陀佛化身，那也不是他個人的自述；九華山的地藏，是新羅的王子出家，法名為地藏，後人認為他是地藏菩薩的化身，亦非他自稱是地藏菩薩。所以，正信的三寶弟子應該看所有的眾生都是未來的佛菩薩，也都是佛菩薩的化現，但他們是凡夫的身分。

如果這些自稱是佛菩薩化現的人，能說出你的過去，指示你的未來，甚至於知道你和你的關係人的歷史背景，並預言你們未來的發展，也不應為其所惑。鬼神都有這種力量，如果你自己以持咒、修定的努力，也會達到這種目的，但那也不是神通，而是咒力、鬼神的感應，或是差遣鬼神所得的結果，最多是定力的現象。因此，這種人談未來未必正確，說過去也不會比你自己知道的更為清楚，對過去世那就更渺茫了，準確性到什麼程度，連他們自己也不知道。因為凡事不能違背因果，一定要發生的事，鬼神幫不了忙，預知於事無補，只有善惡勤惰的因緣可以改變；若非大善大惡，不能改變定業、定果，只要盡心盡力，為善去惡，行佛所行，言佛所言，學菩薩所學，未來的命運就操之在己。

在人類的一千個人之中，大概有數人，由於過去世的修行力和由於他們是來自有福德的神道，所以有與生俱來的預知力及回憶力，知未來、知過去，在兒童時代特別顯著；成年之後，如果生活繁忙和不加理會，這種異能就會漸漸退失；如果蓄意培養和順其自然，也會成為感通鬼神的媒體，而被稱為靈媒或巫者。

現代人由於知識的普遍，教育水平的提高，具有神祕能力的人，現在多半能夠運用邏輯和似是而非的科學觀點，來說明他們的原理。運用佛學知識、佛教名相，向大眾訴說他們神祕力量的實質，而且以神鬼的啟示所得的所謂修行方法，稱為密法、大法、無上法，用以教導他人修行，也能獲得神祕的感應，的確也產生若干的效用。

不過有個共通的後遺症：所謂請鬼容易送鬼難，一旦使用類似的方法且產生反應之後，就必須受神鬼力量的控制，失去自己的自由意志；輕者從表面看還如常人，重者就會變成精神不穩，心態不正，從言語、談吐和眼神都能表現出異於常人的情態。如果希望脫離控制，往往心不由己、身不由己。如果意志力強，發覺已經誤入歧途而想抽身，也會經歷一番精神和肉體的煎熬，往往延續到一年、兩年才能恢復正常。所以要那些相當深入而沉醉於神祕經驗的人脫離歧途，回向正信的佛教，不是不可能，卻是相當不容易，這是非常不幸的。

有人雖不自稱是某佛菩薩的再來，卻宣稱直接傳承於某佛菩薩的教導和印證，這有三種可能：第一種是修行禪定，在定中顯現神祕境界；第二種是在夢中顯現的夢境；第三種是在清醒狀態聽到或見到的降神現象。

如果是在定中，一定不是深定，深定非有心、非無心、非有境界、非無境界，不會有佛菩薩出現的情境；這種定境，應屬於類似做夢的狀態。人在睡熟而將醒未醒之際會做夢，將要入睡之前也會做夢，但兩種夢的性質不一樣，前者比較清醒、清楚，後者比較混亂。同樣地，定中所見境界則是在散亂心未除、統一心未現，但已經失去現前境界的覺受之時，內心的妄念所造成的一種反射作用。所以，定中所現和夢中所現的佛菩薩，往往並不是來自心外。

另一種類似靈媒所見的降靈現象，是神鬼幻現為佛菩薩形相或者自稱是佛菩薩的聲音，以光影和音感的幻境當作佛菩薩的示現，如果不具佛法的正知正見，極容易受到這些鬼神的愚弄，而成為鬼神表現靈力的工具。雖然佛經中也說，佛法可由鬼神、天仙等說，如果不與三法印相應，那就不是佛法而是外道。一般的鬼神，假借佛菩薩的名號，所說的種種，雖然也用若干佛學的名詞，他們的層次仍不能脫離欲界鬼神的範圍。所以，是否屬於佛法，應該用三法印——諸行無常、諸法無我、涅槃寂靜來印證，這是除煩惱、去執著的方法。

在《楞嚴經》、《摩訶止觀》等都曾詳細地講到什麼是魔境而非正境。這就是為什麼禪宗重視傳承的原因了，從達摩祖師開始，代代以心傳心，而戒律也強調戒體的師師相承；雖然後代有無師而自證，但至少應該與經教相應，與正統的佛法不相違背。有明師求師證，不遇明師則當求經證。否則，縱然自稱是佛的弟子，或自己認為是佛教的一支，本質上，還是附佛法的外道。

所謂鬼神，如果他們傳播的是正信的佛法，那就是護法神，也可以說是佛菩薩的化現。所以，是否合乎正統的佛法，不在於用鬼神的名字或佛菩薩的名字來說法，而是在於他的知見是否正確，也就是不因人廢言，也不因名而不辨邪正。

可用物理現象來解釋神祕的經驗嗎？

所謂物理現象是指物理學上所用的磁場、磁力、電波、電感、光影、光速、熱能、氣能、氣化等的現象和動力。所謂神祕的經驗，一般是指靈力的感應、感受，正確的途徑是指通過修行的方法，使得心力、體力以及官能等發生超常的作用，也可以指為修行人與諸佛菩薩、諸天鬼神之間的感應作用。

從大體上來說，這種超常作用或超自然的力量，是可以用物理學的觀點相互對照來說明的。所以，我也說過神通力的開發，就原則而言，縱然是唯物論者，只要修持得法，也有修成的可能。

若能集中心力至某種程度時，便有轉變物象的可能，那即是通過磁波和電波的導向作用，產生一種操縱力量。因為整個的宇宙，就是一個大磁場，任何局部的或個別的物體的存在，都不能脫離整體的系統，這在大環境中，它的方向原是不能夠改變的，可只要加上不同的因素，便會發生小小的改變。局部的變化，如果持續不斷，慢慢地也可能形成整體方向的改變。

修行者由於個人心力的調整，能夠使得在其心力所及範圍之內的磁波和電波受到影響，因而改變原來的關係位置，便可能產生他們心中所想像、要求的現象。心力愈強的人，影響的範圍愈廣，持續的時間愈長，產生變化的功能愈多，這就是神足通的力量。但還無人能夠以其個人的心力，改變人類的命運和宇宙的自然規律。

至於天眼通和宿命通，就和光、氣有關。所謂宿命通，是能知過去。如果能夠使得自己離開地球愈遠，所見地球發生的事物現象，其時光也倒退愈久，這是通過光速來看地球。在距離地球三千光年之外的地方，現在看到的就是三千光年以前地球所發生的一切故事。當然，擁有宿命通的人，不必用肉眼，而是用心靈力或感應力，他的敏感度非常人的推理想像所能及。所以，不必真要退到遠距離的地方來看過去歷史上的現狀。

由於光影錯綜複雜、變化多端，神通力差的人，不僅看不到非常久遠，即使最近的事，也不會看得清晰，只能見其大端，而且影像模糊，唯有諸佛及諸大菩薩，神力無限，方能觀照久遠且一目瞭然。又所謂氣，是物質現象所產生的動力，氣是無色、無臭，但有實質的能量，只要曾經發生過的現象，即有軌跡可循，更可以倒退追蹤，所以，宿命通不一定是通過光速距離，此僅藉光速和光年的距離來說明時間例流的原理。

天眼通知未來，也是由於各人所造業力的含蓄所成的種子型態。其種因愈強，產生結果的可能愈大，前瞻的可能性也愈遠。這等於從一粒種子看到一棵大樹，從一個原子，預見其產生原子能的結果一樣。

但是佛法不離因緣的理論，因緣的變化，決定於全體環境的每一個單元，只要任一單元發生變化，未來的整體發展就會跟預期的結果不同。所以，佛雖見眾生未來都能成佛，卻不能為每一眾生授記。如果尚未親見法性，乃至信心尚未成就，佛也無法為他預作成佛的記莂。所謂記莂就是預告某一眾生，在經過多少時間，供養、親近多少尊佛之後，一定成佛。譬如釋迦世尊，在未見燃燈佛之前，未曾受到任何佛的授記，長期修行到了燃燈佛的時代，他才被預告成佛的時間。凡夫沉淪生死苦海，頭出頭沒，如處長夜，無有盡期，佛雖有天眼明而無法為他們授記；如果未入忍位，心向未定，每個人的因緣際遇，佛也無法掌握。

因此，雖可以物理現象說明若干神祕效果，但也不可迷信科學萬能。因為科學所知的範圍，永遠是有限的；佛法的修行及其所產生的功能，是無限的。佛的福德無限，智慧無限，若試著用人類現前僅有的科學知識所見的物理現象，來說明、推測佛菩薩的智慧力和神通力，那就等於以蠡測海、以管窺天。然我們不妨以科學的所知，來方便達成說明大修行者的神祕現象。不過，這是只為了沒有內證經驗和神祕經驗的人做些粗淺的解釋，卻不可認為科學就真的能夠達成說明的目的，否則，就是本末倒置。

今有若干小有神異經驗的人士，以科學名詞，以及尖端科學的理論和發現，來解釋佛經的名詞，探討佛的所見所證。如果說這是一時的方便運用，當然可以；如說那就是佛菩薩的境界，則期期以為不可。

解釋佛學，最正確、最安全的，還是以經解經，以佛法解釋佛法；否則，不是牽強附會，便是杜撰臆說。有人以他們的第六感所見，假藉科學名詞來說明佛學上的神異現象，當然也不正確。所謂：「唯佛與佛，乃能知之。」諸佛以及諸大菩薩的經驗世界，非凡夫所能捉摸，又豈能以小小的神異經驗所見，和對區區物理現象的所知，就能來說明諸佛菩薩高妙的神通境界。

應該用科學觀點解釋佛法嗎？

所謂科學，不外是用分析、歸納的推理方式來觀察、解釋自然的現象，從理論而言，是屬於邏輯的範圍；從實用而言，是有系統的組織。能夠言之成理，屬於邏輯的科學；能有實際的功用，則是經驗的科學。

不過，邏輯的理論科學不一定能夠發展成為實用科學，雖然它是實用科學的基礎，卻必須通過實驗而證明其為可用、可行，才能真正有益於人。因此，科學的昌明，日新月異，經常以新的理念，否定舊的觀點；以新的實驗，攻擊舊的成果，可見它並非最高、最後的真理。

而且，科學中所能夠討論的已知和將知的範圍，非常有限，使得即使是最有成就的物理學家，也不得不訴求於不可知的上帝或神的啟示，為最高的科學原理，這正是學者們所見的——科學之母是哲學，哲學之母是宗教，宗教才是宇宙的根源、人生的大本。用哲學討論宗教，已有所不及，何況用科學來探究宗教的奧祕。正如梁啟超先生所說，佛教非宗教、非哲學、非科學。我們也可以說，佛教涵蓋宗教、哲學和科學，但它不即是宗教、哲學與科學；它不反對宗教、哲學與科學，卻非宗教、哲學與科學範圍所能窮其實際。

今天有人主張在科學文明的時代，應該以科學的角度來介紹佛法，這當然是好事，以科學的知識說明佛法的理論，使得已經信賴科學的人來接受佛法，這無可厚非。不過科學屬於自然知識的範圍，它只能說明自然現象的千萬億分之一。例如不要說太陽系以外的宇宙群體，尚屬不可知的境界，即太陽系內的九大行星，人類對其所知，還是有限。

另外從醫學觀點來探討人類身心現象，迄目前為止，西醫所及的範圍在中醫看來，僅僅是解剖物質的死體，而中醫也不過探索到人體的氣脈——所謂活的肉體現象而已。至於精神病的治療，還停留在一籌莫展的階段；對於精神病的患者，除了使用麻醉、鎮靜的藥劑以及禁閉、拘留等方式來控制、約束肉體的行動之外，別無辦法。所謂心理治療，只能使用經驗的分析和推理，來給予疏導，但無法深入精神的層面——所謂精神是在物質之內、物質之上的無形而有力的活動。如果使用神鬼咒符等術數來治療精神病，有其療效，但其已非科學的範圍所及，而被指為迷信的現象。

佛法的化世救人，自始便以心為主，心即是精神，可用煩惱、智慧兩個名詞來說明。煩惱增加則精神混亂，智慧增加則精神清明；若在精神混亂的狀態，任你用任何宗教、哲學、科學的手段來處理，都無法解決其問題於永久，但若能得智慧顯現，則一切問題，不論是屬於物質範圍或精神範圍，都將迎刃而解。所以，佛在世時，對於物質世界的自然現象，不多做解釋。例如：世界有邊無邊、世界有始無始等這些問題，在佛看來都與解脫煩惱無關；重要的是如何運用修行的方法來消解煩惱、啟發智慧。此所謂智慧，不是認識的分別心，而是無執著的自在心；既然心得自在，尚有什麼精神或物質的拘限呢？

在印度時代的佛教，是以精神的心涵蓋物質的自然，講心就已統攝了物質的自然現象。所謂「三界唯心，萬法唯識」，煩惱的心稱為識，清淨的心稱為智，凡是對於任何現象的拘執，都屬於煩惱的層次。佛法不重視諸法現象的探究，而是著重於如何轉識成智，否則容易本末倒置，執著幻化的現象以為實體。心體無形、無相，亦不離形相；科學僅及於現象，現象多變而恆變，所以科學永遠不會成為最後的證明，頂多是在頭痛醫頭、腳痛醫腳的情況下向前努力。

正如莊子所說：「吾生也有涯，而知也無涯；以有涯隨無涯，殆已！」道家是自然主義者，是屬於物質的真正的了解者，而佛法認為了解自然也是多餘的事，若得心明，自然就在其中；僅僅了解自然而融於自然，也不等於自我中心的執著獲得解脫。科學僅及於物質世界的分析和探究，當然無法說明或表達佛法的真諦，但作為方便的教化，科學的態度當然需要。所以，我們開始就說，佛法涵蓋了科學，而不受科學所限制。

佛教的生命觀是合乎科學的嗎？

佛教一向認為，人的投胎、入胎，根據《圓覺經》說：「一切眾生，……皆因淫欲而正性命。」也就是說，眾生之有生死，就是因為有男女的欲念與欲事，淫根不斷，無法出離生死。在投胎之時，多半是由於對於父母的房事，產生顛倒愛著；對父親產生興趣，入胎即為女嬰，對母親產生貪染，入胎即為男嬰。所以，在出生之後，女兒對父親的依賴，兒子對母親的依戀，成為一般共同的心理現象。

可是，現在由於人工受精，發明試管嬰兒，投胎和父母的性行為，沒有連帶關係。其乃從母體摘取成熟的卵子，從男體取得精液，在試管中受精，成為胚胎之後，再安於母體的子宮，這與佛教的說法，不相一致，又從何解釋呢？

關於投生、入胎的說法有兩種，一種是在父母的好合之時入胎，見淫欲相，或見宮殿相、光明相，而忽然入胎；另一種是由於跟父母還報因緣，不論或恩或怨，由業力自然促成，所以不能說全是出於見到父母的好合相而入胎。然而，依據兩性相吸的原理，精卵本身便帶有性別，若不離淫欲性，便可能在因緣成熟的任何情況下入胎投生。基於這個道理，現在的試管嬰兒的問題，對於佛教來講，即可迎刃而解。

佛教的世界觀是合乎現代科學的嗎？

從較為原始的佛教聖典阿含部起，即有相同的記載，例如《長阿含》的《大樓炭經》第一品、《起世經》第一品、《起世因本經》第一品，都講到我們的世界是以須彌山為中心。須彌山的四個方向有四大洲，南方稱為南贍部洲，或稱南閻浮提，就是我們所住的世界。須彌山高八萬四千由旬，山腰各有四個宮殿，稱為四天王天；在山頂有三十三個宮殿，稱為忉利天。可是依據現在的地理學和天文學的觀點，我們無法找到須彌山，也不知道另外的三個洲在哪裡。如果說須彌山的神話，就是起源於印度北方的喜瑪拉雅山，是比較妥當的；而且此一傳說，在釋迦牟尼佛時代以前，就已經在印度流傳，佛教的經典只是敍述古老的傳說，不必過於重視。何況佛教的教義，是在解決人間生活的實際問題，不在用科學態度說明世界觀。如果一定要追究世界的形狀、型態，我在《正信的佛教》之〈大千世界怎麼講？〉一題中有所說明，不妨參考。

佛說的「聖言量」禁得起考驗嗎？

佛法的理論根據，以三種標準作為說服人的方便，那就是：1.現量——用事實證明；2.比量——用邏輯推論；3.聖言量——佛在經中所說。1.、2.兩點尚不成為問題，第三點在今天已成了引起爭論的焦點。因為近代佛教學者用歷史的方法論，用考古學、語言學、進化論的角度，來研究佛教的聖典，發現佛陀釋迦世尊的當時，並沒有留下成文的經典，最早的經典傳誦，也不是成文的書籍，是憑以口傳口，代代相傳。

由於流傳的地域愈廣，時間愈久，經典的內容愈多，便見其不同的分歧觀點，這就是形成部派佛教的原因；之後，又漸漸地出現了大乘經典。不論是小乘、大乘的各種經典，均須出於佛教徒中的大修行者所傳，而任何一個派系，都認為他們所傳的才是真正代表佛說，這便形成了所謂「部執」或「部計」的思想。站在他們任何一個立場，多以為他們的所執、所計，是不可違背的聖言量。可是到了今天的學者，能把現存各派、各系，每一個時代所有的聖典拿來排比、分析，所得到的結論，就能指出相互的出入、彼此的矛盾、前後的增減；但如果要他們把全部聖典均視為佛說而不相違背，那是辦不到的。而如果對這些聖典，全部予以否定，或採取懷疑的態度，便無法使人獲得無盡的利益，也就產生不了佛法化世的功效。如何折衷、取捨，便是我們必須要做的工作。

其實，這樣的問題，非於今始。在印度，就已產生了教判思想和判教的辦法，例如《法華經》等經，判一切經教為大、小二乘；《楞伽經》分頓、漸二門；《華嚴經》舉日出、日中、日沒的三照；《涅槃經》分作乳、酪、生酥、熟酥、醍醐的五味。到了中國，則有羅什三藏的一音教，羅什的弟子道生則分為善淨、方便、真實、無餘之四種法輪。後來的天台、華嚴、唯識等各宗，也均各依經教而有教相判釋的施設，其目的就是為了解決這個問題。

佛陀說法的對象有不同的程度，人有不同的根性，所以接受不同程度及不同修行方法的佛法；但是，古人的時代已經過去了，他們所做的教相判釋工作，漸漸地已不能適應現代人的需求和觀點。以現代人能夠接受的觀點來看，佛說的「聖言量」應該貼切到佛法的根本教義——三法印和四依為基準。

所謂三法印是指：諸行無常、諸法無我、涅槃寂靜。從因緣法看，是無我的，是空的；從因果法看，是無常的，是苦的；無常與苦是世間法，無我寂靜是出世間的解脫法。四依是指：依法不依人、依智不依識、依義不依語、依了義不依不了義。從三法印的原則看一切經教，就可以過濾而見到什麼是純佛法；用四依來衡量一切的經典，也可極其容易的發現，何者是佛法，是我們可以依據和信賴的佛法。以此標準，即可明辨哪一些是佛的根本教義，哪一些是隨順世俗要求而說的方便教義。

國家圖書館出版品預行編目資料

學佛群疑 / 聖嚴法師著 . -- 三版 . -- 臺北市 :
法鼓文化 , 2016. 09
面 ; 公分
ISBN 978-957-598-696-4 (平裝)

1. 佛教 2. 佛教教化法 3. 問題集

220.22 105000285

學佛入門 3

學佛群疑

Common Questions in the Practice of Buddhism

著者 聖嚴法師
出版 法鼓文化
總審訂 釋果毅
總監 釋果賢
總編輯 陳重光
編輯 詹忠謀、李書儀
封面設計 化外設計
內頁美編 小工
地址 臺北市北投區公館路一八六號五樓
電話 (02)2893-4646
傳真 (02)2896-0731
網址 http://www.ddc.com.tw
E-mail market@ddc.com.tw
讀者服務專線 (02)2896-1600
原東初出版社 一九八八年初版，一九九六年修訂版
三版八刷 二〇二三年十二月
建議售價 新臺幣二〇〇元
郵撥帳號 50013371
戶名 財團法人法鼓山文教基金會—法鼓文化
北美經銷處 紐約東初禪寺
Chan Meditation Center (New York, USA)
Tel: (718) 592-6593 E-mail:chancenter@gmail.com

法鼓文化